城市轨道交通职业教育系列教材——运营管理类

城市轨道交通
客运服务心理学（第2版）

主　编 ○ 邹　雄
副主编 ○ 熊慧茹　王芳梅　梁晓芳

西南交通大学出版社
·成 都·

图书在版编目（CIP）数据

城市轨道交通客运服务心理学 / 邹雄主编. —2 版
. —成都：西南交通大学出版社，2019.10（2024.6 重印）
ISBN 978-7-5643-7052-7

Ⅰ. ①城… Ⅱ. ①邹… Ⅲ. ①城市铁路－轨道交通－客运服务－商业心理学－高等职业教育-教材 Ⅳ. ①F530.9

中国版本图书馆 CIP 数据核字（2019）第 180045 号

Chengshi Guidao Jiaotong Keyun Fuwu Xinlixue（Di-Er Ban）

城市轨道交通客运服务心理学

（第 2 版）

主编　邹　雄

策划编辑　吴　迪
责任编辑　梁　红
封面设计　何东琳设计工作室

出版发行　西南交通大学出版社
（四川省成都市金牛区二环路北一段 111 号
西南交通大学创新大厦 21 楼）
邮政编码　610031
营销部电话　028-87600564　028-87600533
网址　http://www.xnjdcbs.com
印刷　四川煤田地质制图印务有限责任公司

成品尺寸　185 mm × 260 mm
印张　10.75
字数　217 千
版次　2019 年 10 月第 2 版
印次　2024 年 6 月第 14 次
定价　35.00 元
书号　ISBN 978-7-5643-7052-7

课件咨询电话：028-81435775

第 2 版前言

目前，我国城市轨道交通正处在飞速发展时期，据不完全统计，我国已经开通运营、在建和正在规划建设城市轨道交通的城市已达 40 多个。城市轨道交通大规模发展，而城市轨道交通行业客运服务人员却严重匮乏，这对担负着该行业主要人才输送任务的职业院校也提出了越来越高的要求。

为了体现以行业为依托的办学标准，依据行动导向的教学理念，本书集结了具有丰富的轨道交通岗前培训经验的教师和轨道一线工作人员共同编写。紧密结合轨道交通现场实际，力求深入浅出、通俗易懂地阐述城市轨道交通客运服务过程中的心理现象，对乘客心理做出透彻分析，对轨道交通客运服务人员的心理素质培养进行指导，培养学生在服务过程中对乘客心理进行分析判断的能力、对乘客情绪进行调节的能力，帮助其正确地与不同个性的乘客进行沟通。

本书由重庆公共运输职业学院邹雄任主编，由重庆公共运输职业学院老师熊慧茹、王芳梅、梁晓芳任副主编，四人均有多年的城市轨道交通服务或应用心理学教学经验。本书由重庆大学心理学教授李志担任主审，其对本书内容进行了严格的把关。具体分工如下：邹雄负责第 1 ~ 7 章的编写工作；熊慧茹负责第 8 章和第 9 章的编写工作；王芳梅负责第 10 章的编写工作；梁晓芳负责第 11 章的编写工作。邹雄负责全书的结构策划、组织编写和统稿。本书得到了 2016 年重庆市“高等职业院校专业能力建设（骨干专业）”项目和“高职院校轨道运营专业学生服务意识培养的研究与实践”项目的支持，也得到了轨道交通相关单位的大力支持，在此表示衷心感谢。此外，感谢陈成、秦红、李玲玲、廖洪静、蒲承飞对本书编写工作的支持。

由于编写本书是一种新的尝试，加上编者能力有限，难免有不足之处，恳请有关专家、教师、学员提出宝贵意见。

编　者

2019 年 4 月

目　录

认知篇：认识心理学

服务篇：服务从心开始

素质篇：做一名优秀的城轨客运服务人员

认知篇：

认识心理学

【篇章导航】

城市轨道交通客运服务是一项与乘客沟通交流的工作，乘客作为一个群体，有共同的、通用的和基本的心理活动规律，同时，每个乘客也有其自身独有的个性心理特征。从事客运服务的工作人员必须明白，虽然每个乘客的个性心理特征有所不同，但是他们对客运服务的要求基本是相同的，区别仅在于他们的表达方式。由于每一个乘客的个性不同，因此，在情绪、语言、人际互动、体态等外在表现上各异。这些不同的外在表现都是和各自的心理联系在一起的，完全可以从心理学的角度进行分析，有针对性地为他们服务。因此，要做好城市轨道交通客运服务工作，就要了解乘客行为背后的心理动机和需求。这就要求客运服务人员学习和掌握心理学方面的有关知识，将心理学知识与客运服务有机结合起来。在认知篇中，我们将带领大家通过身边的心理现象揭开人的神秘的内心世界。

【篇章目标】

- ◆ 能透过现象了解个体的心理活动规律
- ◆ 认识城市轨道交通客运服务的服务内容

【篇章内容】

- ◆ 第 1 章 认识心理学
- ◆ 第 2 章 认识城市轨道交通客运服务

第 1 章　认识心理学

【知识目标】

◇ 理解心理现象、心理学的概念

◇ 了解心理现象的分类

◇ 了解心理学的起源

◇ 了解心理学的分支学科与流派

【能力目标】

◇ 能透过乘客的心理现象分析其产生的原因

【关键概念】

◇ 心理现象、古代心理学、现代心理学

【知识框架】

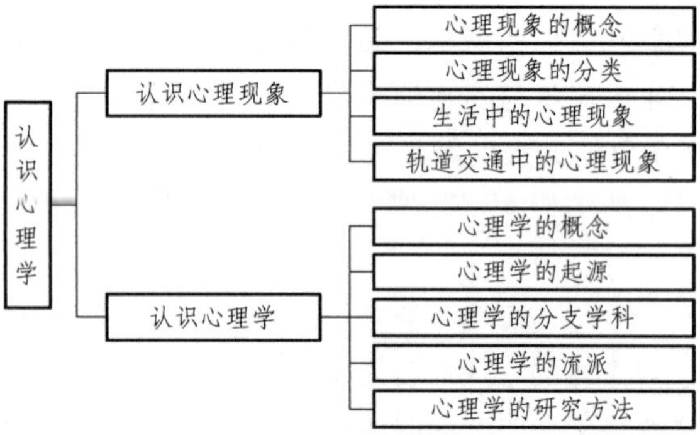

图 1.1　第 1 章知识框架图

一、认识心理现象

1. 心理现象的概念

心理现象（Mental Phenomena）是生物对客观物质世界的主观反映，是心理活动的表现形式。

心理现象人皆有之，是宇宙中最复杂的现象之一。由于每个人都有自己独特的个性，且人与人的性格差异很大，因此，每个人表现出来的心理现象都必然带有自身特点。

2. 心理现象的分类

心理现象分为心理过程和个性心理两个方面（见图 1.2）。

- **心理现象**
  - **心理过程**
    - **认知：**感觉、知觉、记忆、思维、想象等
    - **情绪情感：**喜怒哀乐、幸福、仇恨等
    - **意志：**坚持、信念、信仰等
  - **个性心理**
    - **个性倾向性：**需要、动机、兴趣、信念等
    - **个性心理特征：**能力、气质、性格等
    - **自我意识：**自我认知、自我体验、自我调控等

图 1.2　心理现象

（1）心理过程。

心理过程（Psychical Process）是指人的心理活动过程，包括人的认知过程、情绪和情感过程、意志过程。

认知过程指人脑通过感觉、知觉、记忆、想象和思维等形式反映客观对象的性质及对象间关系的过程。注意则是伴随心理过程的一种心理特征。情绪和情感过程是一个人在对客观事物的认知过程中表现出来的态度体验，例如满意、愉快、气愤、悲伤等，它总是和一定的行为表现联系着。人在认识客观事物时，不仅仅是认识它、感受它，同时还要改造它。为了改造客观事物，一个人有意识地提出目标、制订计划、选择方式方法、克服困难，以达到预期目的的内在心理活动过程即为意志过程。人的认知过程、情绪和情感过程、意志过程统称为心理过程。

（2）个性心理。

个性心理（Personality Psychology）包括个性倾向性、个性心理特征和自我意识。

个性倾向性表现了一个人的意识倾向，是个体行为活动的动力系统，由需要、

动机、兴趣、理想、信念和价值观组成；个性心理特征包括能力、气质、性格等。它表现着个体典型的心理活动和行为特点；自我意识是个性结构中的自我调节系统，主要包括自我认识、自我体验和自我控制三个部分。与心理过程具有人类的共性相反，个性心理具有人类的个别性，体现了人与人之间的个体差异。

由于每个人的先天素质和后天生活环境不同，因此，心理过程总是带有个人的特征，如有的人观察敏锐，有的人粗枝大叶；有的人记得快且牢，有的人记得慢且易忘；有的人思维灵活，有的人思维呆板；有的人情绪稳定，有的人情绪容易波动；有的人意志果断、坚忍不拔，有的人优柔寡断、朝三暮四；在行为表现方面，有的人活泼好动，有的人沉默寡言，有的人热情友善，有的人冷漠无情。这些都是个体在气质和性格方面的差异。

3. 生活中的心理现象

在日常生活中，我们经常会发现一些有趣的现象。例如，一些幼儿会把自己的玩具藏起来，不让其他小朋友找到；会模仿大人安抚哭闹的小朋友；会揣摩母亲的面部表情，分析她是否在生气，当发现妈妈生气时，便会乖乖的不再胡闹……这些实际上就是儿童心理现象的表现。

【发散思维】

除了本书中提到的心理现象外，想想生活中还有哪些心理现象？

（1）________________

（2）________________

（3）________________

成人的心理活动更加丰富。以初次约会为例，为了给对方留下最佳的第一印象，约会前，人们一般会特别费心地注意自己的外表修饰，见面时往往表现得彬彬有礼；同时也会仔细地观察对方，除了揣摩自己给对方留下的印象外，也会仔细观察、分析对方的性格特征，并决定自己应该采取怎样的态度去对待对方。通过研究发现，如果交谈中的两个人，一个对另一个有好感，会不自觉地模仿对方的动作、神态、举止，好像照“镜子”一样。

上述种种揣摩他人心思、模仿他人行为举止并做出反应的现象都属于心理学的范畴。在实际生活中，人们经常自觉或不觉地观察他人的行为和语言等外在表现，并据此来判断他们的心理。

【拓展阅读 1.1】

生活中的心理现象——拖延症

你是不是总想着这样那样的计划，但从来没有去实施？

你是不是明知道完不成任务会受惩罚，但还是迟迟不去做？（见图 1.3）

你是不是不到最后时刻不会去做早应该做的事情？

这都是拖延的表现，明知道时间宝贵，但就是缺少时间管理的能力与行动力。那么，拖延症产生的原因有哪些呢？

原因一：拖延者以拖延的行为帮助自己回避某些痛苦的感觉，这其实也是一种防御的方式。比如，有人计划做一番事业，有着许多的设想，但难以实施，因为实施就离不开与人打交道，离不开推销展现自己，而这是令其非常恐惧的事情，因为他很担心别人不接受自己，不想去体验被否认被批评的感觉。为了防御有可能会体验到的这些痛苦感觉，就干脆拖延不做。

图 1.3　拖延症

原因二：拖延者及时行乐的天性。每个人的大脑里都住着一只及时行乐的“猴子”，这只“猴子”完全活在当下，一辈子只追求一切简单而快乐的事，这样的生活方式放在动物界完全没有问题。我们的大脑里还有一个理性的“决策人”，相比那只“猴子”，他有自己的思维，懂得顾全大局，懂得规划人生，更懂得让我们怎么在文明时代奋斗并追求幸福。这两者有时候会重叠，比如在吃饭、睡觉这些生活小事上，享乐的“猴子”和理性的“决策人”是完全不会冲突的，他们和平地相处着。但是一遇到比如之前我们提到的完成一些不是那么让我们舒适的任务时，及时行乐的“猴子”就开始和理性的“决策人”打架，而拖延症患者通常被“猴子”征服，贪恋当下短暂的快乐。

——引自壹心理

4. 轨道交通中的心理现象

城市轨道交通客运服务的对象是广大乘客。在乘坐过程中，乘客候车时是否遵循秩序、上车后选择什么样的位置、遇到突发事件如何应对、遭遇服务不满时如何回应等，都体现了乘客的心理活动。

（1）为什么乘坐地铁时大家都喜欢挤在门口？

每一个乘坐过地铁的人应该都有这样的经历：走进车厢，比肩接踵，无助地回避着陌生人的目光。文明乘坐礼仪告诉我们要往车厢中部走，车厢中部一般空间较大，但很多人都不愿意往车厢中部走，而是选择站在门口，这是为什么呢？

毕竟，我们在其他的公共场合能够做到这一点。例如，当行人走在人行道上，他们懂得利用缝隙快速超过走得慢的人或者人群。但公共交通限制了我们的行动，因此，我们优先考虑获得控制权，即使牺牲舒适性也在所不惜。这最终变成了一种避免和其他人接触的行为，而它也很好地解释了为什么我们总是盯着车顶却能够在第一时间抢到空位，并能够阻止别人往窗边移动。《纽约时报》曾有一则报道指出：站着的乘客避免与坐着的乘客进行眼神交流的想法非常强烈，门口的位置似乎是一个不错的选择，尽管不太舒适（见图 1.4）。芝加哥某网站开展了一项互动调查，探究乘客最喜欢站或坐在哪里，而绝大多数人的回答是“只要不靠近你”。

图 1.4　美国纽约市地铁车站候车乘客

“靠近门的位置给乘客一种能够掌控局面的感觉。”纽约大学坦登工程学院环境心理学家理查德·维纳（Richard Wener）解释道。那个站在车厢中部的人可能主动选择不挪窝。“因为如果他挪动了位置，他所在的地方可能会变得更加拥挤。”维纳说。维纳认为某些乘客对他们占据的空间表现出一种保护倾向。当门关得过快，乘客满心戒备，担心无法及时下车。乘客的焦虑可以通过更加明确的关门倒计时来消除。

（2）如何让乘客让座？

如何才能让其他乘客为你让座呢？心理学家给出了一个出乎大家意料的答案。

建议很简单易行，你只需要说出你的想法。一句简单的“嘿，你能往左边挪一下吗？”甚或是“不好意思”都能发挥作用。

有一项研究支持了这一观点。社会心理学家斯坦利·米尔格拉姆（Stanley Milgram）以其饱受争议的服从实验而著称。1972 年，他还做过一个违背实验。实验中，米尔格拉姆让大学毕业生乘坐地铁，在不同的情况下（没有正当理由，或者有合理的原因如“我没法站着看书”）请求别人让座。结果发现，人们礼貌得令人惊讶——在“没有正当理由”的情况下，总共有 68%的人起身，或者换了座位。但是，在“有正当理由”的情况下，乘客让座的概率却降低了。

米尔格拉姆的学生也表示在执行任务的时候压力很大，许多参加这个实验的学生感觉自己很难开口去要求他人让座。其实这种现象不难解释。在地铁里寻求他人帮助的同时，也意味着自己有可能被陌生人拒绝。尽管如此，如果你还需要和某个抵着你手肘的人共处 40 分钟的话，谋求一点空间也会让你更加舒适。不要那么小心翼翼，只要你开口了，总有人会给你腾出空间的。

【课堂讨论 1.1】

轨道交通中的心理现象——为什么没有人让座？

在乘坐轨道交通工具的过程中，你是否遇到这种情况：看到一位老人上车，心里想着是否要给老人让座，但犹豫了一阵，最终没有实施这个想法。这个选择让自己有些内疚，但是什么令你做出这样的行为呢？

以小组为单位进行讨论，并将讨论结果写于下方。

（1）____

（2）____

（3）____

二、认识心理学

1. 心理学的概念

心理学（Psychology）是关于人类思想、感情等规律研究的学问，是研究人的心理或精神以及心理活动及其发生、发展规律的科学。

很多人以为心理学就是读心术，学习了心理学就可以窥视他人的内心世界，将心理学想象成一门高深莫测的学问。其实，心理学是为了研究人的内心活动，而源于生活的一门既古老又年轻的学科。说其古老，是因为早在远古时代，人类就已经发现心理现象的存在并进行探究；说其年轻，是因为直到近代，心理学才真正脱离了哲学的范畴，逐渐被认可，成为一门独立的科学。

2. 心理学的起源

（1）古代心理学。

德国心理学家艾宾浩斯曾经说过：“心理学有一个悠久的过去，但却仅有一段短暂的历史。”实际上人们对心理现象的探索已经有几千年的历史了。早在公元前 4 世纪，古希腊哲学家亚里士多德就著有《论灵魂》，这是西方最早关于心理现象、灵魂本质研究的著作，恩格斯在《费尔巴哈与德国古典哲学的终结》一书中指出：在远古时期，人们在还没有关于自己的身体的构造的任何概念，还不会解释睡梦的时候，就有了一种观念，认为他们的思维与感觉并不是他们的身体活动，而是一种什么独特的东西——灵魂的活动，这种灵魂留在身体内，在人死后就离开身体了。

在中国，心理学也同样有着悠久的历史。中国古代思想家很早就对人的各种心理现象进行了探索，如《诗经》《周易》《尚书》等典籍中就明确记载了许多关于人的身心关系、自我意识、群体心理以及个体心理过程等心理学思想。春秋战国时期，孔子、墨子、孟子、老子、庄子、杨朱、荀子等思想家对心理现象进行了研究，确立了以人性论为主线索的心理学理论探讨。以后的秦汉、魏晋、唐、宋、明、清各代的思想家对心理现象的讨论更加丰富和深入，从思辨和实证两个维度做了很多有价值的研究，许多研究成果与现代心理学的结论相符，至今仍具现实意义。他们论述、争辩的核心问题，仍然是人的心理和人的精神现象。但是，当时在方法上只靠不充分的观察和描述，仍然不能摆脱主观的臆测和想当然的推论，心理学还不能够成为独立的学科，只能从属于哲学或其他学科。

【拓展阅读 1.2】

中国古代心理学的起源——《周易》

在中国传统文化中，《周易》被称为“众经之首”“大道之源”，是东方智慧的缩影，而古老的《周易》之中就蕴藏着丰富的心理学思想。

例如，《周易》中提道：

天行健，君子以自强不息；地势坤，君子以厚德载物。

意为：君子应该像天一样，锐意进取；要像大地一样，增厚美德、容载万物。象征着人的心理发展，包含着一种深刻的人格心理学。

还例如，《周易·系辞下》提道：

君子安其身而后动，易其心而后语，定其交而后求。

意为：君子先使自己本身安定，然后才去行动；先使自己心平气和，然后才开口说话；与人确定交情之后，才能提出自己的要求。

这便是人的心理学的最初形态，也是心态平衡最基础的因素。

（2）科学心理学的诞生。

作为一门科学，心理学的历史十分短暂。19世纪中叶以后，自然科学迅猛发展，为心理学成为独立的科学创造了条件。尤其是德国感官神经生理学的发展，为心理学成为独立的科学起了较为直接的促进作用。

1879年，德国心理学家威廉·冯特（Wilhelm Wundt，1832—1920，见图 1.5）在莱比锡大学建立了世界上第一个心理学实验室，标志着科学心理学的诞生。从此，心理学从哲学中分化出来，成为一门独立的科学，形成了注重实验和实证的科学心理学的传统，开始了蓬勃发展的历程。学术界公认，德国心理学家冯特是科学心理学的创始人，他对科学心理学的贡献是多方面的，主要有以下三个方面。

图 1.5　德国心理学家冯特·威廉（Wilhelm Wundt）

首先，他开创了心理学成为一门独立的实验科学的历史。冯特在海德堡大学任教的 10 年间，集其研究成果，于 1874 年出版了《生理心理学原理》。该书被生理学界和心理学界推崇为不朽之作，堪称学术史上的“心理学独立宣言”。1879 年，冯特在莱比锡大学创建了世界上第一个心理学实验室。对于这两项历史性贡献，墨菲（Murphy，1949）评价道：“在冯特出版他的《生理心理学原理》与创立他的实验室以前，心理学像个流浪儿，一会儿敲敲生理学的门，一会儿敲敲伦理学的门，一会儿敲敲认识论的门。1879 年，它才成为一门实验科学，有了一个安身之所和一个名字。”

其次，他创建了科学心理学诞生后的第一个学派。冯特认为，心理学的研究对象是直接经验，而心理学研究的方法是实验内省法，心理学的任务是用实验内省法分析出意识过程的基本元素，发现这些元素如何合成复杂心理过程的规律。他认为最简单的心理元素是感觉和感情。所有复杂的心理都是由这两类心理元素综合而成的。他的这些思想被他的忠实的弟子所继承，科学心理学诞生后的第一个学派——构造主义形成。

最后，他对心理学的发展有广泛和深远的影响。冯特的心理学实验室吸引了来自世界各地的学生，他们对感觉、知觉、注意、反应时间、联想等进行了研究。作为世界上第一个心理学实验室的创始人和心理学研究工作者的导师，冯特对心理学的发展具有巨大的影响。此外，冯特还在情绪、实验精神病理学和民族心理学方面也有重要贡献，对这些领域的发展有深刻的影响。

3. 心理学的分支学科

（1）根据其研究目的分类。

根据其研究目的来划分，心理学分为基础心理学和应用心理学（见图 1.6）。

① 基础心理学。揭示各种心理现象之间以及心理现象与客观现实之间相互联系的规律。主要分支有：普通心理学、实验心理学、生理心理学、发展心理学、社会心理学等。

② 应用心理学。把理论心理学揭示的基本规律应用于人类社会生活的各个方面，并探索各个社会实践领域中心理活动的具体现象及其规律。主要分支有：教育心理

学、工程心理学、管理心理学、消费心理学、临床心理学等。

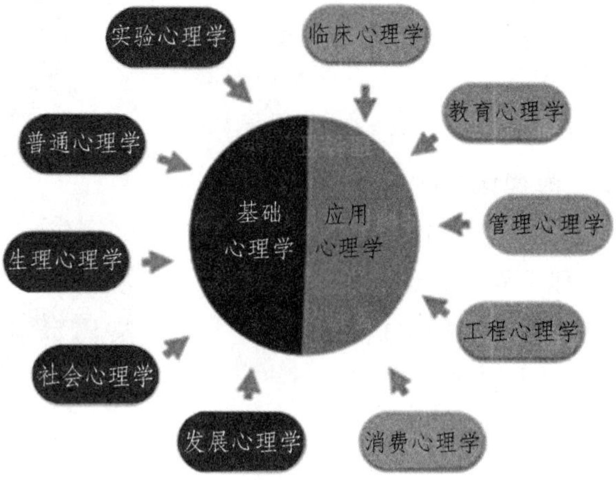

图 1.6　按研究目的的心理学分类

（2）根据研究领域分类。

根据研究领域来划分，心理学形成了许多分支学科。

① 根据研究对象的主体不同，分为犯罪心理学、教师心理学、儿童心理学、青年心理学、老年心理学等。

② 根据研究的实践领域和具体内容的不同，分为教育心理学、社会心理学、工业心理学、军事心理学、医学心理学、运动心理学、文艺心理学、商业心理学、管理心理学等。

③ 根据心理现象的范畴不同，分为感知心理学、记忆心理学、思维心理学、言语心理学、情感心理学、意志心理学、个性心理学等。

④ 根据心理学的方法和技术不同，分为实验心理学、咨询心理学、心理测量学、心理统计学、心理治疗学、心理卫生学等。

4. 心理学的流派

心理学的分支越来越多，目前已达一百多个学科。随着人类社会实践活动领域的不断扩大，心理学的研究课题会越来越广泛，其分支会越来越多，心理科学的结构体系将日益完善。其中，精神分析学派、行为主义、人本主义心理学影响最大，被称为“心理学的三大主要势力”。

（1）精神分析流派。

精神分析产生于 19 世纪末 20 世纪初，由奥地利医生弗洛伊德（S. Freud）创立（见图 1.7）。与传统心理学派别不同，精神分析学派不关心对意识经验和正常行为的研究，它强调心理学应研究无意识现象和异常行为。该学派的理论根据是来自对精神病患者诊断治疗的临床经验。弗洛伊德认为，人格是由本我、自我和超我构成的系统。一个人的精神状态是人格的这三种力量相互矛盾冲突的结果。并且认为，意识是人的整个精神活动中很小的一部分，处于心理表层。无意识才是人的精神活动的主体，处于心理的深层，它是被压抑的或未变成意识的本能冲动。性欲则是人的所有本能冲动中持续时间最长、冲动力最强，对人的精神活动影响最大的本能。弗洛伊德对心理学的重要贡献在于，他把心理区分为意识和无意识，并关注需要、动机等心理的动力因素。但他把人的一切行为都看成是被压抑的性欲的表现，认为无意识决定意识甚至决定社会发展是错误的。

图 1.7　精神分析流派创始人弗洛伊德（S. Freud）

【拓展阅读 1.3】

心理学家——西格蒙德·弗洛伊德

西格蒙德·弗洛伊德，1856 年 5 月 6 日出生于奥匈帝国的一个普通家庭。父亲雅各布·弗洛伊德是一位善良老实的羊毛商人，母亲阿玛莉亚·那萨森是父亲的第三任妻子，长得很漂亮，但性格暴躁。弗洛伊德是他父亲的第三个孩子，他已经有两个同父异母的哥哥，即伊曼纽尔和菲利普。

1873 年秋，弗洛伊德进入维也纳大学医学专业，并于 1881 年获得医学博士学位。在此期间，他受到了达尔文进化论思想的影响，将主要精力集中在神经病学上，在解剖研究鳗鱼的性器官后，他开始比较脊椎动物和无脊椎动物的大脑，先后解剖了青蛙、小龙虾的大脑，描述了延髓和其他大脑以及神经系统的倾斜成分，为发现神经元做出了重要贡献。

弗洛伊德从维也纳大学毕业后，开始在维也纳综合医院工作，并与医生约瑟夫·布雷尔合作。布雷尔热衷于催眠治疗，这引起了弗洛伊德的兴趣。布雷尔是一位非常杰出的医生，他不但帮助弗洛伊德排忧解难，而且还帮助弗洛伊德利用新方法治疗癔症。这一时期，弗洛伊德从一个神经学家转变为一名精神病理学家，从对躯体的研究转向对心理的研究。

1895 年，弗洛伊德与布雷尔将共同研究歇斯底里病症的成果——《歇斯底里症研究》一书出版。这本书的出版为弗洛伊德精神分析学的创立奠定了理论基础。在研究歇斯底里症的过程中，弗洛伊德在医学史和心理学史上第一次使用了“精神分析学”这个概念。

1897 年，弗洛伊德开始了自我分析。进行自我分析的主要方法是分析自己的梦。在进行了两年的自我分析后，他认为心理障碍是由于性紧张累积而引起的。他把分析的结论写成了《梦的解析》一书并于 1899 年出版。该书后来被许多人推崇为弗洛伊德最伟大的著作，但这本书也遭到大量批评。弗洛伊德在余生一直坚持自我分析。

1939 年 9 月 23 日，弗洛伊德于伦敦去世。

（2）行为主义流派。

图 1.8　行为主义流派创始人华生（J. B. Waston）

1913 年，美国著名的心理学家华生（J. B. Waston，见图 1.8）发表了《一个行为主义者眼中所看到的心理学》，宣告了行为主义学派的诞生。

行为主义有两个重要的特点：一是反对心理学研究看不见、摸不着的意识，主张研究可以观察的事件，即行为。二是反对内省，主张用客观研究的方法，即实验的方法。在华生看来，意识是看不见、摸不着的，因而无法对它进行客观的研究。心理学的研究对象不应该是意识，而应该是可以观察的事件，即行为。同时，行为主义把刺激—反应（S-R）作为解释行为的基本原则。新行为主义者托尔曼曾试图在刺激与反应之间引进认知、期望、目的等作为中间变量。但斯金纳反对任何形式的内因论，拒绝中间变量，认为强化和改变行为的主要动力是有机体“操作”环境的效果。赫尔则力图从方法着手，抛弃“观察—归纳”法，采用“假设—演绎”法，以便把心理学建成近似于几何学的演绎科学。

行为主义产生后，对世界各国心理学界产生了很大的影响。行为主义极力主张客观研究方法，使心理学的研究更严谨、更加自然科学化，这对心理学走上客观研究的道路有积极的作用。然而，由于完全否定了对人的心理意识的研究，以行为和生理反应代替心理现象，把人与动物等同起来，以及分析行为用机械主义观点，这些都限制了心理学的健康发展。

【拓展阅读 1.4】

心理学实验——斯金纳箱实验

斯金纳箱是由心理学家斯金纳设计的一种动物实验仪器，用来验证动物的操作性条件反射。箱内放进一只白鼠或鸽子，并设一杠杆或键，箱子的构造尽可能排除一切外部刺激。动物在箱内可自由活动，当它压杠杆或啄键时，就会有一团食物掉进箱子下方的盘中，动物就能吃到食物。箱外有一装置记录动物的动作。

实验 1：奖励实验

将一只很饿的小白鼠放入一个有按钮的箱中，每次按下按钮，则掉落食物。

结果：小白鼠自发学会了按按钮。

这个实验比“给狗狗摇铃喂食”的巴普洛夫实验更进了一步，建立了行为。

何为学习？就是指将行为与操作者的需求建立相倚性联系。换句话说，使行为者感觉到“行为”与“奖励”是有联系的。

只要通过将行为与奖励不断重复、建立联系，就可以培养起操作者的行为模式。

奖励可以培养行为习惯，很棒吧？那么请看实验 2。

实验 2：惩罚实验

将一只小白鼠放入一个有按钮的箱中，每次小白鼠按下按钮，则箱子通电。

结果：小白鼠学会了按按钮。

但遗憾的是，一旦箱子不再通电，小白鼠按按钮的行为就会迅速消失。

惩罚可以迅速建立行为模式。然而，惩罚具有一定的副作用，它建立起来的行为模式，来得快，去得也快。一旦惩罚消失，行为模式也会迅速消失。

从长远来看，惩罚对于行为的制止并不会起到显著作用。现实生活中，因为惩罚带来的凡勃伦效应，有时甚至会使惩罚起反作用。

实验 3：概率性奖励实验

将一只很饿的小白鼠放入斯金纳箱中，多次按下按钮，概率掉落食物。

结果：小白鼠学会了不停地按钮。

当不再掉落食物时，小白鼠的学习行为消失速度非常慢。

随着概率越来越低，小白鼠按按钮的学习行为没有变化，直至 40～60 次按按钮掉落一个食物，小白鼠仍然会不停地按按钮，并且持续很长一段时间。

由于概率性给予结果，行为者很难直观地判断机制是否失效，所以单次的失败不会给予明显的“惩罚”，终止行为者的习惯，从而行为者的学习行为会一直持续下去。

讨论：

你觉得斯金纳箱实验与人的行为之间有什么关联？对于人类行为的分析有什么借鉴？

扫码观看视频资源

（1）______________________________

（2）______________________________

（3）______________________________

（3）人本主义流派。

人本主义心理学在 20 世纪 50—60 年代兴起于美国，是美国当代心理学主要流派之一，由美国心理学家马斯洛（A. Maslow）创立（见图 1.9），代表人物有罗杰斯（C. Rogers）等人。

图 1.9　人本主义流派代表心理学家马斯洛（A. Maslow）

人本主义心理学反对精神分析和行为主义学派对心理学研究的窄化及偏颇。人本主义和其他学派最大的不同是特别强调人的正面本质和价值，认为人的本质是好的、善良的，人不是受无意识欲望的驱使并为这些欲望而挣扎的动物。人有自由意志，有自我实现的需要。人在充分发展自我的潜力时，只要有适当的环境，就会力争实现自我的各种需要，从而建立完善的自我，并追求建立理想的自我，最终达到自我实现。

从某种意义上说，人本主义心理学是一种健康人格心理学，甚至有人认为精神分析学说为我们提供了心理学病态的那一半，而人本主义心理学为我们将健康另一半补充完整。人本主义心理学派的不足之处，在于错误地理解了人的本质，把人看成人性的人，而不是社会关系的总和，因而对人的内心世界的某些描述常常是从个人出发的。另外，人本主义心理学的许多主张还带有纲领的性质，所使用的名词缺乏明确的定义，也没有具体说明所采用的研究方法，这使得其理论难以得到检验。不过，人本主义心理学的研究理念淡化了心理学的纯科学色彩，成为近年来心理学发展的趋势之一。

5. 心理学的研究方法

（1）实验法。

实验法（Experimentation）是指人为地、有目的地控制和改变某些条件，使被试产生所要研究的某种心理现象，然后进行分析研究，以得出心理现象发生的原因或起作用的规律性的结果。

实验法在科学研究中的应用最广泛，也是心理学研究的主要方法。

在进行实验研究时，必须考虑三项变量：

① 自变量：实验者安排的刺激情境或实验情境。

② 因变量：实验者预定要观察、记录的变量，是实验者要研究的真正对象。

③ 控制变量：实验变量之外的其他可能影响实验结果的变量。

实验法的主要目的是，在控制的情境下探究自变量和因变量之间的内在关系。

实验法有两种，即自然实验法和实验室实验法。

自然实验法是指在日常生活情况下，适当地控制某些条件，变更某些条件，结合经常性的业务工作进行心理研究的一种方法。如研究如何分配复习时间对于记忆有利，可以选定在数量上和程度上都相等的两个组用同样的材料来进行，一个组用集中复习的方式进行复习，一个组用分散复习的方式进行复习，一段时间后再来比较两个组的记忆成绩的差异。

实验室实验法是在人为的情况下，严格控制外界条件进行的一种心理研究的方法。实验室实验是在有实验设备的实验室进行的，通过一定的条件引起被试某种心理现象的出现。

【拓展阅读 1.5】

心理学实验——棉花糖测试实验

棉花糖实验（Stanford Marshmallow Experiment）是斯坦福大学沃尔特·米歇尔（Walter Mischel）博士于 1966 年到 20 世纪 70 年代早期在幼儿园进行的有关自制力的一系列心理学经典实验（见图 1.10）。

图 1.10　沃尔特·米歇尔的棉花糖测试实验

实验中，四到六岁的孩子们被领到了一个房间里，他们面前的桌上都有一块棉花糖。在让孩子们独处前，实验人员告诉他们，如果 15 分钟后自己面前这块糖还在桌上，那么他们就能额外获得一块糖。实验人员记录了每个孩子的忍耐时间，并且尝试寻找这项数据是否与孩子们成人后的成功有关联。

实验结果表明，在 600 个孩子中，少数选择立刻吃掉糖果，但也有 1/3 的孩子忍过了 15 分钟，获得了第二块糖果。在后来的跟踪调查中，米歇尔发现那些能延后满足的孩子拥有更强的能力，并在 SAT 考试中获得了比同龄人更高的分数，证明这项品质很有可能会伴随人的一生。当时部分学者认为，忍耐不吃糖的小孩具备更强的意志力，能为了长远利益放弃暂时的欢愉，这种“延迟满足能力”正是他们成为人生赢家的原因。

扫码观看视频资源

不过，最近有学者对这个实验结果提出了质疑，他们认为那些选择没有吃掉棉花糖的孩子之所以会做出这样的选择，可能受其他因素影响。

讨论：

你觉得实验中一些孩子之所以没有吃掉棉花糖，是否受其他因素影响？如果你觉得受其他因素影响，那是什么呢？请将讨论结果写于下方。

（1）____

（2）____

（3）____

（2）观察法。

观察法（Observational Method）是在自然情境中或预先设置的情境中，有系统地观察、记录并分析人的行为，以获得其心理活动产生和发展规律的方法。

运用观察法时，观察者和被观察者之间的关系有两种：

① 参与观察者：观察者是被观察者活动中的一个成员。

② 非参与观察者：观察者不参与被观察者的活动。

观察法的优点是保持被观察对象的自然流露和客观性，获得的资料比较真实。观察法的缺点是观察者处于被动地位，只能消极等待被观察者的某些行为表现，是一种较缓慢的进程。

观察法可分为群体观察和个体观察。群体观察指研究者的观察对象是一个群体，记录这一群体中发生的各种活动。个体观察又称"个案法"，是对某一个体进行专门观察的方法，是一种最简单、最直接的心理研究方法。个案法具有启蒙和试点的作用，也适用于对特殊个体（如天才儿童、精神病患者等）的研究。早期的中外儿童心理学专家，如德国的普莱尔、英国的达尔文、中国的陈鹤琴都曾运用个案法观察自己的孩子，并公开了长期的记录结果。

下面是儿童心理学创始人普莱尔观察自己的孩子（从出生第一天起）抓握动作发展的观察记录：

"第 1 ~ 3 天：主要是手碰到脸的动作。

第 5 天：他的手指把我的一只手指握得很紧，但他的脚趾不能。

第 9 天：小孩睡觉时并不握着大人放在他手里的手指。

……

第 117 天：我第一次看到我的小孩认真地用手抓东西。

【课堂练习 1.1】

心理观察法——自我观察法

自我观察法又称“内省法”，指人对自己的心理活动进行观察和分析。人在实践中的认识活动、自我体验，或对某些心理特点和行为的感受与评价等，都可以进行自我观察和分析。

可以通过记日记的方式对自己的心理进行观察，包括如下一些内容：

（1）近期自己是否感到焦虑，分析引发焦虑的原因；

（2）近期自己是否感到压力，分析压力产生的原因；

（3）近期自己生活是否有规律，分析不规律的原因；

（4）近期自己制定的目标是否达成，分析没有达成的原因。

长期坚持自我观察并进行记录，可以显著提高自身的情绪掌握能力，提升自我控制能力。通过对近期生活及心理的分析，一些难以解答的困惑会变得比较清晰，生活状态也会有所改变。

（3）调查法。

调查法（Investigation Method）是对某一问题要求被调查者回答其想法或做法，以此来分析、推测群体心理倾向的研究方法。

实施调查时虽然是以个人为对象，但其目的是借助许多个人的反映来分析和推测社会群体的整体心理倾向。调查法又分为问卷调查法和访谈法。

调查法是指通过书面或口头回答问题的方式，了解被试的心理活动的方法。其优点是能在短时间同时调查很多对象，获取大量资料，并能对资料进行量化处理，经济省时。其缺点是被试由于种种原因可能做出虚假或错误的回答。

① 问卷调查法。

调查对象较多时常采用问卷的方式进行。问卷即书面提问的方式。问卷调查通过收集资料，然后做定量和定性的研究分析，归纳出调查结论。采用问卷调查方法时，要根据需要确定调查的主题，然后围绕这一主题，设立各种明确的问题，做全面摸底了解。

② 访谈法。

访谈法是研究人员通过与被调查者直接交谈，探索被调查者的心理状态的研究方法。进行访谈调查时，研究者与被调查对象面对面地交流，针对性强，灵活、真实、可靠，但访谈法不但费时费力，而且调查范围也比较窄。

（4）心理测验法。

心理测验法（Measurement Method）是根据已标准化的实验工具，如量表，引发和刺激被试的反应，所引发的反应结果由被试自己或他人记录，然后通过一定的方法进行处理，予以量化，描绘行为的轨迹，并对其结果进行分析。这种方法的最大特点是对被测试者的心理现象或心理品质进行定量分析，具有很强的科学性，而且随着计算机技术的发展和广泛应用，心理测验领域已出现了明显的计算机化的趋势，如在计算机上施测、自动计分、分析和解释测试结果等。心理测试主要包括智力测试、个性测试、心理健康测试、职业能力测试等。

【课堂练习 1.2】

心理测试——拖延症测试

以下为心理学家皮尔斯·斯蒂尔的拖延症测试，请根据自身的情况，在下列表格中打勾，看看你满足以下几条（见表 1.1）：

表 1.1　拖延症测试

测试题目	我不会这样	我很少这样	我有时这样	我时常这样	我总是这样	计分
1. 我将任务推迟到了不合理的程度						
2. 不管什么事情，只要我觉得需要做，就会立即去做						
3. 我经常为没有早些着手而后悔						
4. 我在生活中的某些方面经常拖延，尽管明知道不应该这么做						
5. 如果有我应该做的事情，我会先做完它，再去做那些次要的						
6. 我拖得太久，这令我的健康和效率都受到了不必要的影响						
7. 总是到了最后，我才发现其实可以把时间用到其他地方						
8. 我很妥善地安排我的时间						
9. 在本该做某件事的时候，我却去做别的事情。						
总　分						

计分规则：

正向题目（1、3、4、6、7、9题）："我不会这样"计1分，"我很少这样"计2分，"我有时这样"计3分，"我时常这样"计4分，"我总是这样"计5分。

反向题目（2、5、8题）："我不会这样"计5分，"我很少这样"计4分，"我有时这样"计3分，"我时常这样"计2分，"我总是这样"计1分。

19分及以下："要紧的事先做"是你的座右铭。

20～23分：表现不错。

24～31分：有拖延的情况，但不严重。

32～36分：拖延情况严重，不要继续了。

37分及以上："明天做吧"是你的口头禅。

第 2 章　认识城市轨道交通客运服务

【知识目标】

◇ 了解服务的概念、特性
◇ 了解服务业的分类
◇ 掌握城市轨道交通客运服务的概念与内容
◇ 掌握城市轨道交通客运服务心理学的概念

【能力目标】

◇ 能够分析城市轨道交通客运服务的特性
◇ 掌握城市轨道交通客运服务的核心内容

【关键概念】

◇ 服务、服务业、城市轨道交通客运服务、城市轨道交通客运服务心理学

【知识框架】

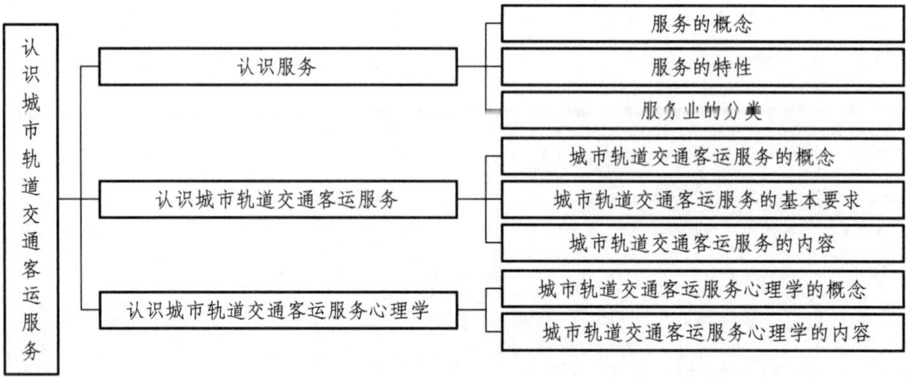

图 2.1　第 2 章知识框架图

一、认识服务

1. 服务的概念

《现代汉语词典》（第 7 版）中对服务的解释是这样的：

服：担任（职务）；承担（义务或刑罚）；承认；服从；信服。

务：事情；从事、致力。

综上所述，服务就是为了集体（或别人）的利益或为某种事业而工作。服务行业就是为人服务，使人生活上得到某些方便的行业。

世界营销大师菲利普·科特勒认为服务是一方提供给另一方的无形的且不导致任何所有权转移的活动或利益。

美国市场营销协会关于服务的定义是：服务是不可感知、满足某种需求的活动。这种活动可能借助或不借助实物进行，但是这些借助的实物的所有权将不会涉及转移的问题。

本书引用中华人民共和国国家标准 GB/T 19004.2—1994《质量管理和质量体系要素第二部分：服务指南》关于服务的定义：

服务（Service）是为满足顾客的要求，供方与顾客接触的活动和供方内部活动所产生的结果。这种服务活动是为他人提供以满足他人需求的，同时价值双赢的活动，是无形的同时不涉及实物所有权的活动，同时是一种人与人之间的沟通与互动。

2. 服务的特性

服务是一种满足顾客需求的活动过程，服务活动具有以下特性：

（1）无形性。

相对有形的商品而言，服务产品是无形的，因为服务是由一系列活动所组成的过程，而不是实物，这个过程我们不能像感觉有形商品那样看到、感觉或者触摸到。对于大多数服务来说，购买服务并不等于拥有其所有权，如城市轨道交通公司为乘客提供服务，但这并不意味着乘客拥有了轨道交通列车上的座位。

（2）差异性。

服务的差异性主要是由于员工和顾客之间的相互作用以及伴随这一过程的所有变化因素所导致的，如顾客清楚表达其需求的能力、员工满足这些需求的能力和意愿、其他顾客的到来以及顾客对服务需求的程度等，尤其是心理因素具有不可控性，同一服务员在不同时间提供的服务都不可能一致，即出现服务的差距。此外，不同乘客对服务的期望不尽相同，对提供的服务感受也不相同，这也是服务差异性产生的原因之一。

（3）不可分离性。

服务的特性是“生产”与“消费”同时发生，无法分割。例如，当我们接受律师咨询或是去美容时，律师、美容师提供服务，顾客在现场，所以顾客与服务提供商的互动关系都会影响服务的结果。不像实体物，例如矿泉水，生产与消费是分割的。服务必须由供方和需方同时参与才有服务的过程，才能形成服务产品，二者缺一不可，没有供方的服务与没有受者的供方都不能构成服务产品。

（4）不可储存性。

服务提供的时间、地点、方式、渠道都决定了服务的即时性和不可储存性。相同的服务会因为时间的不同而形成“二次服务”，因此也可以将服务的不可储存性称为即时性。明确了解服务的基本特征，才能进一步研究如何提高服务质量的问题。例如，电影开场后不论只有一个顾客还是满场顾客，都要完整地放映；游乐场不论在暑假服务需求多时还是开学后服务需求少时，都要提供相等的服务质量，无法将淡季的服务能力储存到旺季来使用。

城市轨道交通客运服务的本质是员工的工作表现，这是城市轨道交通企业提供给乘客的无形产品，而这个产品具有消费和生产同时发生的特性，具有不可储存性。

3. 服务业的分类

（1）流通服务。

流通服务包括零售、批发、仓储、运输、交通、邮政、电信等。零售和批发是商流服务，仓储和运输是物流服务，交通是客流服务，邮政和电信是信息流服务。交通服务分为公路客运、铁路客运、城市公共交通等服务；邮政服务是包裹信件服务、特快专递；电信则是移动信息服务（见图 2.2）。

图 2.2　正在进行流通服务的城市轨道交通列车

（2）生产和生活服务。

生产和生活服务包括银行、保险、证券、房地产、租赁、咨询、广告、职业介绍、会计事务、律师事务、旅游、餐饮、娱乐、美容、家政服务等。这些服务项目针对生产和生活分别会有不同种类的服务细项。总体而言，银行证券、咨询、会计事务偏向生产服务；餐饮、旅游、娱乐、美容、家政服务等偏向生活服务；保险、房地产、租赁、职业介绍、律师事务属于兼顾生产生活类的服务。

（3）精神和素质服务。

精神和素质服务主要是指向为满足人们精神需要和身体素质需要的服务。其中教育、文艺、科学、出版业、宗教、新闻传媒、公共图书等服务于人的精神享受和精神素质的需要，而体育运动、医疗卫生、环境保护等服务于人的身体素质的需要。

（4）公共服务。

公共服务主要指政府机构提供的维持秩序和功能保障性的服务，大致可以划分为提供公共物资和维持公共环境两大类。其中，提供公共物资包括提供水、电、气等具有实物形态的产品和教育、医疗等非实物形态的产品；维护公共环境包括维持安全稳定的社会环境、秩序井然的经营市场环境、公平正义的法治环境、良好的就业环境等。

【拓展阅读 2.1】

服务业——国民经济第一大产业

我国将产业划分为三类：第一产业即农业，包括种植业、林业、畜牧业、水产养殖业等；第二产业为工业，包括制造业、采掘业、建筑业、公共工程等；第三产业为服务业，包括商业、金融、交通运输、通信、教育等。在 40 年前，我国一、二、三产业中农业占比最大，其次是工业，然后是第三产业。但随着时代发展，产业结构排序变成了 “三、二、一”，第三产业排到了第一名（见图 2.3）。

图 2.3　服务业与中国经济

2017 年，我国服务业增加值为 427 032 亿元，占 GDP 的 51.6%，超过第二产业 11.1 个百分点，成为我国第一大产业。服务业增加值比上年增长 8.0%，高于全国 GDP 增长 1.1 个百分点，连续 5 年增速高于第二产业。服务业对经济增长的贡献率为 58.8%，比上年提高了 1.3 个百分点，成为推动我国经济增长的主动力。

服务业已成为税收的主要来源。2017 年，服务业税收收入占全部税收收入的 56.1%，比上年增长 9.9%，连续 5 年对税收收入贡献过半。

服务业已成为吸纳就业的主渠道。2013—2016 年，服务业就业人员年均增长 5.1%，高出全国就业人员年均增速 4.8 个百分点。2017 年，服务业就业人员比重比上年提高了 1.4 个百分点，达到 44.9%，高于第二产业 16.8 个百分点。

服务业是新增市场主体的主力军。2017 年，工商新登记注册的企业日均达 1.66

万家，其中近80%为服务业。2013—2016年，服务业新登记注册企业共计1 283万家，年均增长31.5%。

服务业在创造税收、吸纳就业、新设市场主体、固定资产投资、对外贸易等方面全面领跑，支撑国民经济健康发展。

——引自国家统计局网站

讨论：

服务业在我国所占的比重越来越高，你觉得是什么原因？这对大家的就业将产生什么影响？

（1）____

（2）____

（3）____

二、认识城市轨道交通客运服务

1. 城市轨道交通客运服务的概念

城市轨道交通客运服务是为使用城市轨道交通出行的乘客提供的服务。

从城市轨道交通运输企业来看，城市轨道交通客运服务不仅是单纯的服务技巧，还包括轨道交通企业所提供的各项内外设施，是有形设施和无形服务共同组合而成的有机整体。

从乘客的角度看，城市轨道交通客运服务是乘客在消费过程中所感受到的一切行为和反应。可以说这是一种经验的感受，也可以说是城市轨道交通运输企业及服务人员的表现给他们留下的印象和体验。

良好的城市轨道交通客运服务应该让乘客产生温暖的、被了解、被关注的宾至如归的美好感觉，并达到让乘客渴望再次乘坐的效果。

2. 城市轨道交通客运服务的基本要求

城市轨道交通客运服务应当满足以下的基本要求：

（1）服务组织应以安全、准时、便捷、舒适、文明为目标，为乘客提供持续改进的服务。

（2）服务组织应为乘客提供符合服务规范的服务设施、候车环境和乘车环境。

（3）服务组织应为乘客提供规范、有效、及时的信息。在非正常运营状态下，应为乘客提供必要的指导信息。

（4）服务组织应向残障等特殊乘客提供相应的服务。

（5）为乘客提供的公益或商业服务应以方便乘客、提高服务质量为原则，保证客运服务质量不受影响。

3. 城市轨道交通客运服务的内容

城市轨道交通客运服务包括票务服务、导乘服务、行车服务、问询服务、特殊服务、应急服务等多方面内容（见图 2.4、图 2.5）。

（1）票务服务。

① 向乘客提供人工售票、充值或售卡等服务，并在售票处或其附近设置醒目、明确的车票种类、票价、售票方式、车票有效期等信息，方便乘客购票。

② 通过自动售票机、充值设备为乘客提供售票、充值、售卡等服务，并在自动售票机、充值设备上或自动售票机和充值设备附近设置醒目、明确、详尽的操作说明。

图 2.4　车站客服中心

③ 在人工售票、充值或售卡过程中，售票员要唱收唱付，做到准确、规范。

④ 对符合免费乘车规定，并持有效乘车证件的乘客，应验证后准乘。

⑤ 通过自动检（验）票机为乘客提供检票服务，自动检（验）票机或其附近设置相应的标志或图示，方便乘客检（验）票。

⑥ 在特殊情况下，及时采取有效措施，为乘客进行必要的票务处理。

（2）导乘服务。

① 向乘客提供即时、准确、有效的乘车信息。

② 在车站醒目的位置张贴乘车常识和注意事项；必要时，通过广播等方式向乘客宣传乘车常识和注意事项。

③ 当列车运营计划变更或列车运行不正常，对乘客造成影响时，及时通知乘客；必要时，采取有效措施疏导乘客。

图 2.5　车站导向标志

④ 在车站出入口、售票处等醒目位置向乘客公示车站首末车时间、列车间隔时间、各车站运行时间等信息。

⑤ 在车站的醒目位置公布车站周边公交线路的换乘信息。

⑥ 在列车上，向乘客提供列车运行方向、到站、换乘等清晰的广播或图文信息。

【拓展阅读 2.2】

轨道交通中的导向标识

在城市轨道交通中，导向标识非常重要且数量繁多。它直观、明确，为乘客提供便捷的指引服务，最大限度地减少乘客无效停留时间。

我们按照导向标识的作用对导向标识进行简单分类：指向性导向标识、标注性导向标识、警示性导向标识。

图 2.6　指向性导向标识

（1）指向性导向标识（见图 2.6）。

指向性导向标识指具有一定的指示、引导作用的导向标识。例如，列车开行方向标识、乘车标识、卫生间标识等，画面通常由图形、文字构成，并使用箭头符号作为辅助图形，强化方向感。

图 2.7　标注性导向标识

（2）标注性导向标识（见图 2.7）。

标注性导向标识用于提醒乘客各类设备设施或服务点的位置，包括自助购票机、客服中心、无障碍设施等。

图 2.8　警示性导向标识

（3）警示性导向标识（见图 2.8）。

警示性导向标识主要用于告诫、劝导及要求乘客，例如电扶梯出入口、换乘通道等，画面通常为黄底黑字，或加以红色禁止符号，更加醒目。

扫码观看视频资源

当然，城市轨道交通中的导向标识除了以上的分类外，还可以分为其他类别，比如按标识所处位置可以分为悬挂式导向、贴纸导向、贴附式导向等。只要记住了各类导向的“妙用”，哪怕不是在熟悉的城市，乘客也可以轻松掌控出行方向。

——引自《成都地铁运营》，有改动

（3）行车服务。

① 根据当地居民的出行规律及其变化来确定和调整城市轨道交通的运营时间，

并在调整前及时公示。

② 根据列车运行图组织列车运行，并可根据客流变化等情况合理调整列车运行；对乘客有影响时，及时公布。

③ 保持列车行驶平稳，到站后适时开关车门。

④ 列车运行发生故障时，对乘客采取及时救援、清客、继续运行到目的地等处理措施。

（4）问询服务。

① 车站工作人员向乘客提供人工问询服务，包括出行线路、票价以及各类票卡的购买、使用等信息服务。

② 通过计算机查询平台向乘客提供无人式问询服务，包括出行线路、票价以及票卡的金额查询等信息服务。

【拓展阅读 2.3】

广州地铁智能机器人 YoYo 服务《财富》论坛

为了更好地方便《财富》论坛期间乘客出行，2017 年 12 月 5 日起，地铁智能机器人 YoYo 在广州 8 号线万胜围站、琶洲站和 APM 线广州塔站投入试点（见图 2.9）。

图 2.9　广州地铁智能机器人 YoYo

这只机器人有什么神奇之处呢？据介绍，该智能机器人可以通过语音交互提供简单的问询服务，包括换乘路径、地铁票价和票务政策、线网首末班车查询、出入口资讯查询等，乘客可通过机器人界面的唤醒按钮实现自助查询服务。

地铁集团有关负责人表示，广州地铁每天有超过 1 000 名员工在一线服务乘客，承担着服务 800 万客流的重担，每天接受问询上万次，YoYo 机器人作为车站人工咨询服务的有效补充，能在一定程度上减少乘客人工问询的等候时间，提高搭乘效率。目前机器人还处于测试阶段，功能尚不完善，地铁集团将通过本次测试收集了解乘客日常问询的“重点”，完善机器人的大脑数据库，以便后续更好地服务乘客。

扫码观看视频资源

——引自新华网广东频道，2017-12-06，有改动讨论：

随着时代的进步，智能机器人、互联网设施将越来越普及，这将对城市轨道交通客运服务带来哪些影响？我们应该如何应对未来的变化？

（1）______________________________

（2）______________________________

（3）______________________________

（5）特殊服务。

① 遇到残障乘客，协助其顺利进站乘车。

② 如发现走失的儿童，带领其至安全场所，并设法联系其监护人或报警。

③ 当遇到乘客身体不适时，提供必要的帮助或拨打救助电话。

（6）应急服务（见图 2.10）。

① 应急服务以保障乘客人身安全为首要目标。

② 针对运营事故、重大活动、政府管制、恶劣天气、乘客伤亡、事故灾难等影响城市轨道交通正常运营的突发事件制定应急服务预案，并适时启动，以保证乘客安全乘车。

图 2.10　应急演练

③ 当发生影响城市轨道交通正常运营的突发事件时，及时告知乘客，并采取相关应急措施。

三、认识城市轨道交通客运服务心理学

1. 城市轨道交通客运服务心理学的概念

城市轨道交通客运服务心理学是心理科学的分支学科，是心理学基本理论和方法在轨道交通领域的应用和发展。

城市轨道交通客运服务心理学主要针对乘客服务的行业特点，利用心理学的规律，更好地了解和把握乘客的心理特点，以便提供更高服务水平的客运服务。

2. 城市轨道交通客运服务心理学的内容

城市轨道交通客运服务心理学主要探讨乘客服务过程中个体、群体、组织三个层面的心理规律。城市轨道交通客运服务心理学主要分为乘客心理与客运服务人员心理素质两个方面。

（1）乘客心理。

乘客心理包括以下几个方面：

① 乘客的知觉分析。主要探讨乘客对于轨道交通客运服务的感知来源，以及影响乘客感知的相关因素，以便了解工作人员自身行为对于乘客感知的影响。

② 乘客的情绪管理。主要了解乘客常见的情绪类型、情绪表现等，并掌握缓解乘客不良情绪的方法。

③ 乘客的需求满足。主要了解乘客在乘坐城市轨道交通工具的过程中主要的需求，以及如何满足这些需求。

④ 乘客的个性分析。主要了解不同个性的乘客的心理特点，学会不同个性乘客的服务要点。

⑤ 乘客的群体心理。主要了解不同乘客群体的心理特征，学会面对不同乘客群体时的服务技巧。

⑥ 乘客的投诉心理。主要了解乘客投诉的心理原因以及导致乘客投诉的相关因素，并掌握应对乘客投诉的技巧。

⑦ 乘客与员工的人际沟通。主要了解与乘客沟通时的心理技巧。

（2）客运服务人员的心理素质。

客运服务人员的心理素质包括以下内容：

① 客运服务人员的服务意识。主要了解客运服务人员的服务要求，增强自身的服务意识等。

② 客运服务人员的心理素质。主要了解提升自身的抗压能力、情绪掌握能力、意志力等的方法。

服务篇：

服务从心开始

【篇章导航】

随着社会的进步，乘客对于城市轨道交通服务的要求越来越高，轨道运输企业不仅要满足乘客的交通需求，同时还要满足乘客日益增长的服务需求。因此，深入研究城市轨道交通客运服务心理，了解乘客的心理需求，掌握乘客心理活动规律，才能针对不同的乘客采取有效的客运服务。本篇将对乘客的知觉分析、乘客的情绪管理、乘客的需求满足、乘客的个性与服务、乘客的群体心理、乘客的投诉心理与处理、乘客与员工的人际沟通等内容进行分析和阐述，并结合城市轨道交通客运服务工作的实际案例，逐渐深入探讨乘客心理以及客运服务中特殊情况下的心理现象。

【篇章目标】

- ◆ 分析乘客的知觉规律
- ◆ 做好乘客情绪的调节
- ◆ 满足乘客的服务需求
- ◆ 掌握乘客的个性差异
- ◆ 分析不同乘客群体的心理特征
- ◆ 注意与乘客沟通过程中的心理技巧
- ◆ 对乘客的投诉心理进行分析与处理

【篇章内容】

- ◆ 第 3 章 乘客的知觉分析
- ◆ 第 4 章 乘客的情绪调节
- ◆ 第 5 章 乘客的需求满足
- ◆ 第 6 章 乘客的个性与服务
- ◆ 第 7 章 乘客的群体心理
- ◆ 第 8 章 客运服务中的人际沟通
- ◆ 第 9 章 乘客的投诉心理与处理

第 3 章　乘客的知觉分析

【知识目标】

◇ 理解感觉和知觉的概念及基本特性
◇ 了解知觉的分类
◇ 了解乘客对服务人员、环境、文化的知觉
◇ 掌握影响乘客知觉的主观原因
◇ 掌握影响乘客知觉偏差的心理效应

【能力目标】

◇ 能够将感知的特性运用于服务实践
◇ 能够运用社会知觉的影响因素满足乘客的不同需求

【关键概念】

◇ 感觉、知觉、乘客知觉、首因效应、刻板效应

【知识框架】

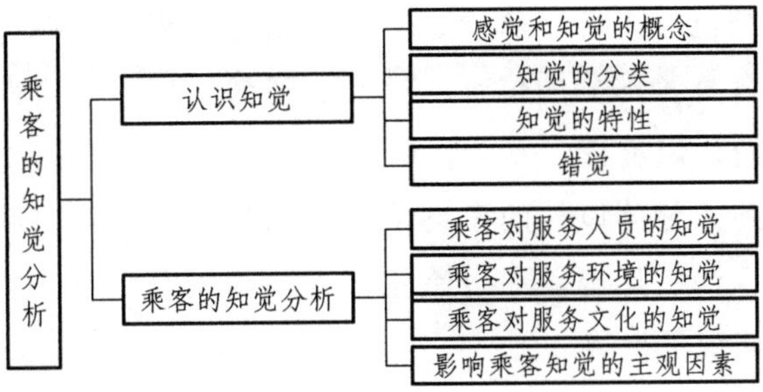

图 3.1　第 3 章知识框架图

一、认识知觉

人类认识世界是从感性到理性的过程，感觉和知觉是认识世界的开端，是构成认识过程的初级阶段。只有在感知的基础上，人类才能进行更高级的知觉活动。

1. 感觉和知觉的概念

（1）感觉的概念。

感觉（Feeling）是人脑对直接作用于感觉器官的客观事物的个别属性的反映。

感觉是最初级的认识过程，是一种最简单的心理现象。人对客观事物的认识是从感觉开始的，是最简单的认识形式。例如，当菠萝作用于我们的感觉器官时，我们通过视觉可以反映它的颜色；通过味觉可以反映它的酸甜味；通过嗅觉可以反映它的清香气味；同时，通过触觉可以反映它的粗糙的凸起（见图 3.2）。人类是通过对客观事物的各种感觉认识事物的各种属性的。

图 3.2　感觉中的菠萝

感觉虽然是一种极简单的心理过程，可是它在我们的生活实践中具有重要的意义。有了感觉，我们就可以分辨外界各种事物的属性，因此才能分辨颜色、声音、软硬、粗细、重量、温度、味道、气味等；有了感觉，我们才能了解自身各部分的位置、运动、姿势、饥饿、心跳；有了感觉，我们才能进行其他复杂的认识过程。失去感觉，就不能分辨客观事物的属性和自身状态。

人不仅能感觉到人身体以外的事物情况，而且能感觉到自身肌体的变化和内部器官的状况，如饥、渴、痛等。通过感觉，人与纷繁复杂的人类世界形成了非常紧密的联系，并因此认识了世界。

【拓展阅读 3.1】

心理学实验——感觉剥夺实验

感觉剥夺实验就是夺去有机体的感觉能力而进行研究的方法（见图 3.3）。对人来说，感觉剥夺是暂时让被试的某些（或全部）感觉能力处于无能为力的状态，把人放在一个没有任何外部刺激的环境中进行研究，从而探索其生理心理变化的方法。

第一个以人为被试的感觉剥夺实验是由贝克斯顿（Bexton）、赫伦（Heron）、斯科特（Scott）于 1954 年在加拿大的一所大学的实验室进行的。被试是自愿报名的大学生，每天的报酬是 20 美元（当时大学生打工一般每小时可以挣 50 美分），所以大学生都非常愿意参加实验。所有的被试每天要做的事就是躺在有光的小屋的床上，时间尽可能长（只要他愿意）。被试有吃饭的时间、上厕所的时间。严格控制被试的感觉输入，如给被试戴上半透明的塑料眼罩，可以透进散射光，但没有图形视觉；给被试戴上纸板做的套袖和棉手套，限制他们的触觉；头枕在用 U 形泡沫橡胶做的枕头上，同时用空气调节器的单调嗡嗡声限制他们的听觉。

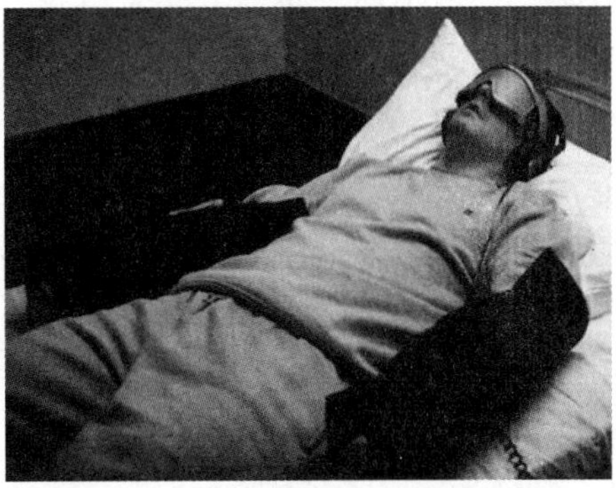

图 3.3　感觉剥夺实验

实验前，大多数被试以为能利用这个机会好好睡一觉，或者考虑论文、课程计划。但后来他们报告说，对任何事情都不能进行清晰的思考，哪怕是在很短的时间内。他们不能集中注意力，思维似乎是“跳来跳去”的。感觉剥夺实验停止后，这种影响仍在持续。具体地，对于简单的作业，如词或数字的记忆，感觉剥夺没有影响；对于中等难度的作业，如移动单词中的字母问题，感觉剥夺也没有什么影响；但对于复杂的问题，如需要高水平语言能力和推理能力的创造测验、单词联想测验，接受过感觉剥夺的被试不如未接受感觉剥夺的被试的成绩好。感觉剥夺影响了人的复杂的思维过程或认识过程。

在感觉剥夺实验中，50%左右的被试报告出现了幻觉，其中大多数是视幻觉，也有被试报告有听幻觉或触幻觉。视幻觉大多在感觉剥夺的第三天出现，幻觉经验大多是简单的，如光的闪烁，没有形状，常常出现于视野的边缘。听幻觉包括狗的狂吠声、警钟声、打字声、警笛声、滴水声等。触幻觉的例子有，感到冰冷的钢块压在前额和面颊，感到有人从身体下面把床垫抽走。

讨论：

感觉剥夺实验证实了人被夺去感觉能力后的各种负面影响，但是感觉的剥夺对人有没有正面积极的影响呢？请将讨论结果写于下方。

（1）____

（2）____

（3）____

（2）知觉的概念。

知觉（Perception）是人脑对直接作用于感觉器官的事物的整体属性的反映。

知觉是各种感觉的结合，它来自感觉，但不同于感觉。感觉只反映事物的个别属性，知觉却认识了事物的整体；感觉是单一感觉器官的活动的结果，知觉却是各种感觉协同活动的结果；感觉不依赖于个人的知识和经验，知觉却受个人知识经验的影响。例如，当我们感觉到苹果的颜色、香气、味道、冷热、大小、形状等，把这些属性综合起来，有时还借助于过去的经验，就构成了我们对“苹果”的整体反映，这就是知觉。知觉的产生不仅需要具体的客观对象，还需要借助于过去的经验或知识的帮助。过去的经验、知识甚至还可以弥补部分感觉信息的缺欠。

【发散思维】

想想我们对“手机”的知觉来源于哪些感觉？

（1）____________________

（2）____________________

（3）____________________

同一物体，不同的人对它的感觉是类似的，但对它的知觉会有差别，知识经验越丰富，对物体的知觉越完善、越全面。显微镜下的血样，只要不是色盲，无论谁看都是红色的；但医生还能看出血样中的红细胞、白细胞和血小板，没有医学知识的人就看不出来。

感觉和知觉都是人类认识世界的初级形式，反映的是事物的外部特征和外部联系。如果想揭示事物的本质特征，光靠感觉和知觉是不行的，还必须在感觉、知觉的基础上进行更复杂的心理活动，如记忆、想象、思维等。

2. 知觉的分类

根据在知觉中起主导作用的感觉器官的特性，可把知觉分成视知觉、听知觉、触知觉、嗅知觉等。

根据知觉对象的不同，可将其分为物体知觉和社会知觉。

（1）物体知觉。

物体知觉。物体知觉是指对物或事及外部关系的知觉。任何物或事都具有空间特性、时间特性及其运动变化，因此，物体知觉可分成空间知觉、时间知觉和运动知觉。空间知觉是对物体的形状、大小、距离、方位等空间特性的知觉；时间知觉是指人对客观物质现象延续性和顺序性的反映；运动知觉是指人对物体在空间位移的知觉。

（2）社会知觉。

社会知觉。社会知觉是指个体在社会环境中对他人（某个个体或群体）的心理状态、行为动机和意向（社会特征和社会现象）的知觉，是一种含感知、判断、推测和评价在内的社会心理活动。包括对他人的知觉、人际知觉、角色知觉和自我知觉。乘客对于城市轨道交通客运服务人员的知觉就属于社会知觉。

3. 知觉的特性

（1）知觉的整体性。

与感觉不同，在知觉过程中，人们不是孤立地反映刺激物的个别特性和属性，而是多个个别属性的有机综合，反映事物的整体和关系。这就是知觉的整体性。

人的知觉系统具有把个别属性、个别部分综合成整体的能力。知觉的整合作用离不开组成整体的各个成分的特点。如图 3.4 所示，尽管图中没有将所有的图形线连起来，但观众仍能看出图中画的是什么。

图 3.4　由点组成的图形

我们对事物个别属性的知觉依赖于事物的整体特性。如看到有缺口的圆环和没有顶的三角形时，心目中仍能将缺少的部分补足，使形象完整。在此过程中过去的知识和经验常常能提供补充信息。

（2）知觉的选择性。

人在知觉事物时，习惯从背景中区分少数事物，并清晰地反映，这种特性称为“知觉的选择性”。在日常生活中，人在知觉客观世界时，总是有选择地把少数事物当成知觉的对象，而把其他当成知觉的背景，以便清晰地感知一定的事物与对象。影响知觉选择性的因素有主观和客观两个方面。客观因素包括：对象与背景之间的差别、对象的活动性、刺激物的新颖性等；主观因素包括：知觉有无目的和任务、已有知识经验的丰富程度、个人的兴趣爱好和动机、定式与情绪状态等都影响知觉对象的选择。

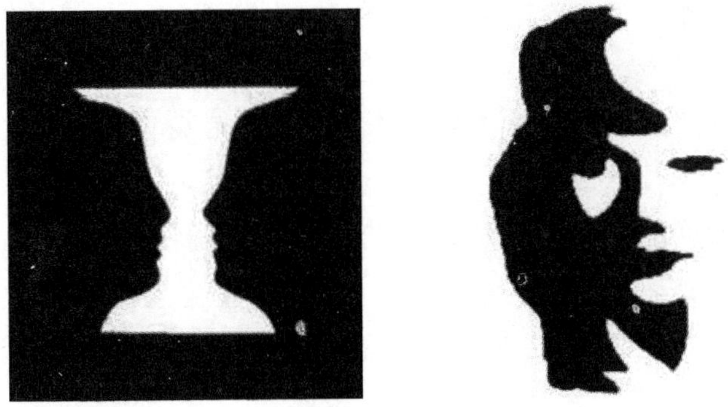

图 3.5　知觉的选择性

从图 3.5 中你看到了什么？为什么会出现不同的知觉？

正是由于知觉具有选择性，人们才会有选择地将对自己有重要意义的刺激物作为知觉的对象。例如，在课堂上，学生把黑板上的文字当作知觉的对象，而周围环境中的其他东西，比如头顶的电扇、墙上的标语、同学的面孔等便成了知觉的背景。你在街上碰到了朋友，在与朋友交谈的过程中，你所听见的不只是对方说的话，而且还有商店打折促销的广告声、汽车发动机的噪声以及行人说话的声音等。

（3）知觉的理解性。

在知觉过程中，需有以过去所获得的有关经验、知识为基础的理解，以便对知觉的对象做出最佳解释和说明，这一特性叫知觉的理解性。知觉的理解性受以下因素的影响：

① 经验。不同的经验对人们同一种感知觉的影响不同，因此，对这个过程的理解也不尽相同，而最后我们所看到的结果也是不同的。

② 言语。言语的指导对知觉的理解性也有较大的作用。在较为复杂、对象的外部标志不是很明显的情况下，言语的指导作用能唤起人们过去的经验，有助于对知觉对象的理解。再者，知觉对象本身的特点也影响知觉的理解性。

此外，知觉的理解性还受人的情绪、动机、态度以及实践活动的任务等因素的影响。

如图 3.6 所示，你认为图形中间的图案是什么？

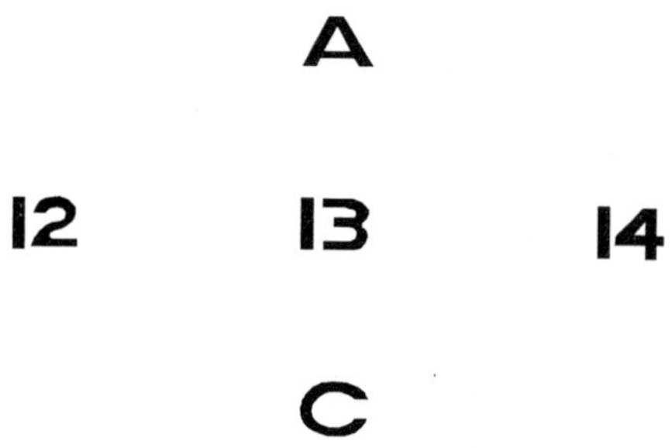

图 3.6　知觉的理解性

【课堂讨论 3.1】

人的知觉具有理解性，人们在认知事物时往往是基于自身的经验来进行判断，然而每个人的经验是不同的，所以会导致每个人的认知有所不同。当人们认识到事物的部分特性时，就会运用自身经验来补全其他特性，形成自我认知，这些认知往往具有偏见性。

大家有没有产生认知错误的经历呢？请将讨论结果写于下方。

（1）____________________

（2）____________________

（3）____________________

（4）知觉的恒常性。

当知觉条件发生变化时，知觉的印象仍然保持相对不变，这就是知觉的恒常性。常见的恒常性有亮度恒常性、大小恒常性、形状恒常性、颜色恒常性等。比如，阳光照射下的黑炭比阴暗处的粉笔更亮，但我们仍认为粉笔亮一些。不论在黄光照射下还是在蓝光照射下，我们总是把一面国旗知觉为红色的。尽管远处的人要比近处小得多，我们也不可能会把远处的人当成侏儒。图 3.7 就是门的形状恒常性表现。

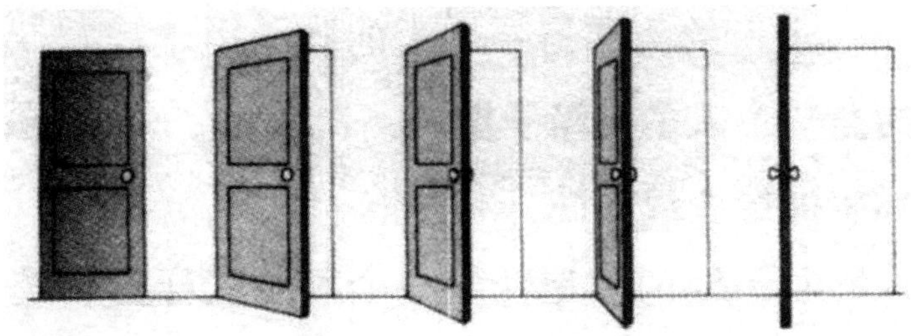

图 3.7　门的形状恒常性

4. 错觉

（1）错觉的概念。

知觉经验虽因环境中的刺激物所引起，而知觉经验中对客观性刺激物所做的主观性解释，就真实性的标准来看，显然有很大的距离。单以知觉对比的知觉现象为例，凭知觉经验所做的解释显然是失真的，甚至可以说是错误的。此种完全不符合刺激本身特征的失真的或扭曲事实的知觉经验，称为错觉（Illusion）。

人为什么会产生视错觉？一般认为：错觉不是观念问题，而是知觉问题，因为即使知道是错觉也不会改变；错觉不是发生在视网膜上；视错觉不是视觉器官的活动所引起的。

（2）横竖错觉。

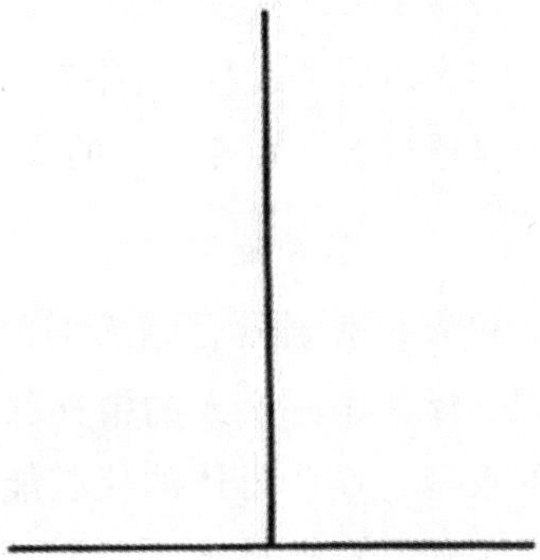

图 3.8　横竖错觉

横竖错觉（Horizontal-Vertical Illusion），如图 3.8 所示，等长的两条线，垂直线平分水平线，看起来垂直线比水平线长。如果水平线加长 30%，人们主观上才感到同垂直线一样长。在水平长度为 8 ~ 50 mm 时，这种错觉最明显；随着水平线的增长，错觉有减小的趋势。错觉的眼球运动说认为，眼球的上下扫描要比左右扫描费力，所以竖的似乎比横的长。但同样的横竖错觉图，如果转 90°，原来的竖线变成了横线，看上去仍然较长。这种错觉可能还与两条线的其他关系有关。

（3）德勃夫错觉。

德勃夫错觉（Dolboef Illusion）属于视错觉现象之一。图 3.9 的小圆与右图的圆面积相等，但两者看似不等；居右者看起来较小。

（4）编索错觉。

编索错觉（Twisted Cord Illusion）属于视错觉现象之一。图 3.10 像盘起来的编索，呈螺旋状。实则系由多个同心圆所组成，读者可选任一圆上一点循其线路检验。

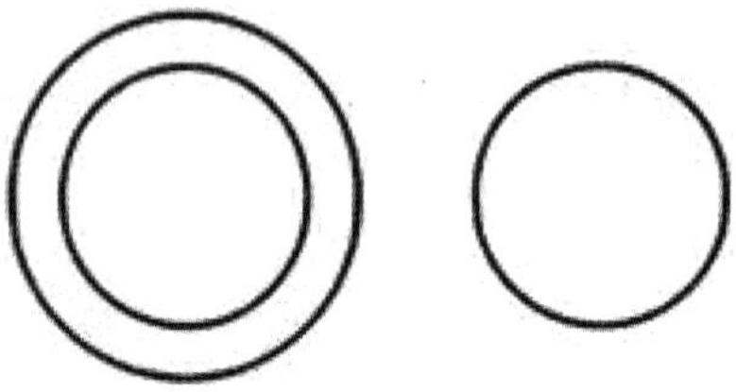

图 3.9　德勃夫错觉

图 3.10　编索错觉

二、乘客的知觉分析

乘客是否接受服务以及其需求是否得到满足，都与其知觉心理有密切关系。通过对乘客对城市轨道交通客运服务的知觉分析，更好地了解了乘客的知觉规律，为做好客运服务工作提供依据。

1. 乘客对服务人员的知觉

在客运服务过程中，乘客对服务人员的知觉是普遍存在的。这种知觉属于社会知觉，主要是通过客运服务人员的仪容仪表、言谈举止、职业角色等方面进行知觉。

（1）乘客对服务人员仪容仪表的知觉。

仪容仪表通常是指人们的外貌、着装和风度。它是精神面貌、内在涵养的外在表现，反映了一个人的精神状态和个人素养，是人们交往中的“第一形象”。清洁大方的仪容、端庄得体的仪表能给人舒服的感觉，而良好的第一印象往往至关重要。

为什么客运服务人员对于仪容仪表有着严格的要求，这可以用心理学中的“首因效应”来解释。

首因效应（Primacy Effect），又称“首次效应”“优先效应”或“第一印象效应”，是指人与人第一次交往中给对方留下的印象在对方的头脑中形成并占据着主导地位的效应。

首因效应告诉我们，人们根据最初获得的信息所形成的印象不易改变，甚至会影响他们今后的交往。实验证明，第一印象是难以改变的，主要是依靠性别、年龄、体态、姿势、谈吐、面部表情、衣着打扮等，判断一个人的内在素养和个性特征。这种印象不可能全面反映一个人的根本面貌，难免有主观性；同时，人总是不断变化的，不能给人贴标签。

在客运服务过程中，由于客运服务人员与乘客大多是一次性交往，所以首因效应更加突出和普遍。乘客对于客运服务人员的印象往往来自第一印象，而工作人员仪容仪表是否得体会大大影响乘客对其的感知。如果工作人员着装得体、仪态端正，往往会给乘客工作认真、值得信赖等正面积极的印象；反之，工作人员着装随意、懒散，会给乘客留下工作不认真、不值得信赖等负面印象。因此，客运服务人员应重视首因效应的影响，努力以出色的工作表现给乘客留下良好的第一印象；同时，要避免让乘客产生工作态度消极等不良的第一印象。

【拓展阅读 3.2】

首因效应

图 3.11 首因效应在面试中产生的影响

心理学家乔西·阿克曼曾做过一个有趣的心理学实验来证明首因效应的存在。

实验过程中，阿克曼邀请了几位志愿者担任面试官，对应聘者进行面试。应聘者是一对双胞胎姐妹，她们的长相、简历以及面试中的发言都是相同的，唯一不同的是她们在面试中发言的顺序：

第一位应聘者的发言是：我工作努力、认真、具有创造力，但我情绪化、挑剔、说话刻薄。

第二位应聘者的发言是：我说话刻薄、挑剔、情绪化，但我有创造力，而且工作努力、认真。

听完两位应聘者的介绍后，阿克曼要求几位志愿者对这两位应聘者进行评价，并决定聘用哪一位应聘者。

扫码观看视频资源

讨论：

你觉得志愿者们更愿意聘用哪一位应聘者，并说明原因。

（1）______________________________

（2）______________________________

（3）______________________________

客运服务人员的着装规范如下：

① 上岗应着识别服，不得与便服混穿。不同季节、不同类别人员的识别服不得混穿。

② 保持服装干净整洁，无褶皱、无残破、无污迹，衣扣完好齐全。

③ 识别服内着便服时，不得外露。不得披衣、敞怀、挽袖、卷裤腿。

④ 戴手套时，应保持手套干净、洁白。

⑤ 系领带、戴领结时，应系好衣领扣，使领带或领结保持平整、笔挺。领带夹别于上衣第三至第四粒纽扣之间。

【发散思维】

想想哪些言行举止会影响乘客对客运服务人员的知觉？

（1）____________________

（2）____________________

（3）____________________

⑥ 按季节统一穿着识别服、按规定更换识别服，不得擅自更换。换季期间，可根据地面站、地下站具体情况适当提前或延后更换识别服，但同一车站内应着同一季节识别服。

⑦ 除工作需要或者特殊情况外，应当穿制式皮鞋或者其他黑色皮鞋，并配深色袜子，女员工可穿肉色袜子。不得赤脚穿鞋或者赤脚。男员工鞋跟一般不超过 3 cm，女员工鞋跟一般不超过 3.5 cm。系好鞋带，不可拖拉于脚上。

⑧ 必须戴帽子的员工，在工作时应正确戴帽，不得歪戴。但在着夏装以及在车站室内办公区、宿舍、列车驾驶室或其他不宜戴帽子的情况下，可不戴帽子。

⑨ 在非工作时间，除集体活动或工作需要外，不得穿识别服出入公共场合和乘坐列车。

（2）乘客对服务人员言谈举止的知觉。

言语是思维的工具，“欲知心腹事，但听口中言”。言语的内容能反映一个人的心理活动、行动趋向、民族国籍，另外，语音、语调、语速的变化能充分反映一个人的某一方面的真实状况：语音轻松，表明心情愉快；语调高亢嘹亮，表明情绪激昂；语速急促，表明心里紧张。所以，乘客常常通过言语知觉服务人员。在客运服务过程中，服务人员说话得体、声音悦耳，乘客有愉快、亲切之感，并据此判断其“服务态度好”；反之，服务人员语言不中听，生硬、唐突、刺耳，乘客会感到很难受，结论自然是“服务态度恶劣”。

举止是情绪、动机等心理活动的外在表现方式，包括表情、体态与气度等。行为举止也是形成一个人知觉印象的重要途径。“预知其人，观其所行。”以表情为例：目瞪口呆，反映一个人的惊恐心理；眉飞色舞，反映一个人的欢快心理；愁眉苦脸，反映一个人情绪沮丧。因此，观察举止也是乘客知觉服务人员的重要途径。在客运服务过程中，乘客发现某服务人员拖泥带水、丢三落四，会认定其是一个工作不认真的人；相反，如果发现服务人员操作干净利落、娴熟细腻，会认为该服务人员是个工作认真的人。

客运服务人员的行为举止要求如下：

① 上岗前须依据仪容仪表规范对自身着装、发型、佩戴饰物等进行检查，保证规范上岗，保持充沛精力。

② 执岗时认真负责，表情自然，行为规范，保持良好的站、坐、行走姿态。

③ 严禁在岗时做聊天、使用手机、打瞌睡、嬉闹、吃零食、喧哗、擅自离岗、串岗、看书看报、玩游戏等与工作无关的事情。

④ 与乘客沟通交流时，应停下手中工作，主动站立（除在售票室执岗外），并保持适当距离。

⑤ 乘客说话时，应面向乘客，耐心倾听，并适度点头回应，以示尊敬。不可眼神游离、摇头不语。

⑥ 为乘客服务过程中，动作应轻而快，不可出现甩、扔、摔、推、拉、扯等不礼貌举动。

⑦ 与乘客交谈时，手不得放到口袋或双臂抱在胸前，不得手扶座椅靠背或坐在扶手上。

⑧ 着识别服的员工乘城市轨道交通工具时，应保持良好的站立姿态，不与乘客争抢座位。

【拓展阅读 3.3】

心理学实验——服务员微笑实验

微笑是人类特有的行为，微笑介入日常社会关系的程度比任何一种其他非语言的行为都要深。如果服务人员能恰到好处地运用微笑，会有意想不到的收获。

心理学家 Kathi L. Tidd 和 Joan S. Lockard 进行了一项有趣的实验，即探究微笑是否会为服务人员带来更多的小费收入。

图 3.12　服务员微笑实验

心理学家邀请了一名女大学生（23 岁）作为西雅图一家餐馆的服务人员。女服务员会对酒吧中的顾客送上他们预订的鸡尾酒。在这个过程中，心理学家要求女服务员对一半的顾客露出最小的微笑（浅浅微笑但不露齿），对另一半顾客露出最大的微笑（自然微笑且露出牙齿）。

心理学家在此过程中分别记录顾客订购饮料的数量、小费的金额，以及是否有人在离开休息室时对女服务员微笑。结果发现，收到最大微笑的顾客会给出更多的小费，其中男性顾客给得最多，是收到最小微笑顾客的三倍。另外，80%收到最大微笑的顾客在离去时会对服务员微笑示意，而仅有 20%的收到最小微笑的顾客会如此做。由此可见，微笑对于顾客的影响非常大。

（3）乘客对服务人员职业角色的知觉。

职业角色（Job Role）是指社会和职业规范对从事相应职业活动的人所形成的一种期望行为模式。例如，律师、医生、导游、司机等。对职业角色的知觉主要包括两个方面：一是根据某人的服饰行为判断他是什么职业；二是对有关职业角色行为的社会标准认可。例如，认为医生这一角色的行为标准应该是救死扶伤、沉着冷静、值得信赖等。

为什么乘客对于客运服务人员职业角色的知觉会影响到对工作人员的印象，这可以用心理学中的“刻板效应”来进行解释。

刻板效应（Stereotypes Effect）也叫“刻板印象”或“定型效应”，是指人们用刻印在自己头脑中的关于某人、某一类人的固定印象，以此固定印象作为判断和评价人依据的心理现象。

有些人总是习惯地、机械地将人归类，把某个具体的人看作是某类人的典型代表，把对某类人的评价视为对某个人的评价，因而容易形成“先入为主”的偏见，造成认知偏差。例如，老年人保守、年轻人冲动，北方人豪爽、南方人善于经商，农民质朴、商人精细，等等。

受刻板效应的影响，乘客可能对客运服务人员这一职业角色有固定的印象，认为客运服务人员是为乘客服务的，他们应该具备工作认真、服务意识强，为乘客着想等特征。而一旦乘客发现某个服务人员的行为举止与这个刻板印象相违背，比如在工作期间随意聊天、不理乘客的要求，乘客对其印象就会有所改变，产生严重的不可信任感。

【发散思维】

请想一想乘客期望客运服务人员满足哪些特征？

（1）____________________

（2）____________________

（3）____________________

【拓展阅读 3.4】

心理学实验——刻板效应实验

苏联社会心理学家 A. A. 包达列夫做过这样的实验，将一个人的照片分别给两组被试看，照片上人物的特征是眼睛深凹，下巴外翘（见图 3.13）。

图 3.13　刻板效应实验

包达列夫分别向两组被试介绍情况，给甲组介绍情况时说“此人是个罪犯”；给乙组介绍情况时说“此人是位著名学者”，然后，请两组被试分别评价照片中的人。

结果显示，甲组被试认为：此人眼睛深凹表明他凶狠、狡猾，下巴外翘表明其顽固不化。

乙组被试认为：此人眼睛深凹，表明他具有深邃的思想，下巴外翘表明他具有探索真理的顽强精神。

为什么两组被试对照片中同一个人的评价有如此大的差异？原因很简单，人们对社会各类人有着一定的定型认知。把他当罪犯来看时，自然就把其眼睛、下巴的特征归类为凶狠、狡猾和顽固不化，而把他当学者来看时，便把相同的特征归为思想的深邃性和意志的坚忍性。刻板效应实际就是一种心理定式。

2. 乘客对服务环境的知觉

（1）乘客对车站环境的知觉。

乘客对服务环境的知觉首先来自车站的环境（见图 3.14），干净的地面、清晰明了的导向标志、良好的灯光及通风、现代化的装饰风格等都会影响乘客对于服务环境的感知；相反，肮脏的地面、复杂不清的导向标识、昏暗的环境都会给乘客留下不好的印象。

图 3.14　车站环境

【拓展阅读 3.5】

美国纽约地铁

美国纽约地铁是美国纽约市的城市轨道交通系统，也是全球历史最悠久的公共地下铁路系统之一，兴建于 1904 年，至今已经 100 多年的历史（见图 3.15）。纽约地铁共有 472 座车站，商业营运路线长度为 394 千米，也是全球最繁忙的公共轨道交通之一，日均有 500 多万人乘地铁出行。

图 3.15　美国纽约地铁车站

然而由于修建年代久远，纽约地铁车站环境及设施设备都落后于最新建设的地铁。

第一，纽约地铁并没有安装安全门，在纽约地铁等车，就像在老式火车站等车一样。上下班高峰期会比较危险，甚至发生过相当多人被推下站台的交通事故。

第二，纽约的地铁停运晚点是常事，而且很多站点没有电梯。纽约地铁一般在周末停运，或者是举行一些比较大型的活动时停运。地铁晚点则很平常，据统计，纽约地铁平均每个月要发生近 75 000 次延误，也就是说，每天竟然有大约 2 500 趟地铁晚点，大大影响了乘客的出行。

第三，地铁的卫生状态堪忧。乘客甚至可以见到在轨道上大摇大摆跑跳的老鼠。虽然地铁车厢里面比较干净，但是在候车点经常有垃圾、水渍，轨道上也有垃圾。有些比较偏远，或者历史比较久的站，显得非常破旧。

第四，通信设施不完善。在 2017 年 1 月之前，搭乘纽约地铁最无奈的一点是：大多数地铁线路没有信号，不能上网，也不能打电话发短信。一般情况下，进了纽约地铁，就暂时与外界失联了。所以，在地铁内，会经常看到有人在看书或用手机听音乐、玩游戏，但乘客基本上都戴着耳机。

2017 年 1 月之后，纽约地铁站内新增设了通信讯号和免费无线网络，但当地铁门关上列车行驶后，信号还是会中断，网络还是不连贯。

扫码观看视频资源

虽然纽约地铁有这么多缺点，但是它仍然还是有吸引人的地方，是纽约市民最主要的交通工具。比如纽约地铁 24 小时运行，地铁票种也相当丰富，分为次票、周票、月票等，乘客可以根据不同的需求购买，价格也相对公道。

——引自东方新闻网，有改动

（2）乘客对车站设施的知觉。

乘客对服务环境的知觉也来自站内设施，如自动化的售检票设备、流畅的自动扶梯、满足乘客生活所需的自动售货机、满足乘客自主查询的站内导向地图，以及满足乘客安全所需的应急救援设施等，这些设施都会让乘客产生服务设施到位、安全设施齐全、服务环境良好的知觉（见图 3.16）。

图 3.16　车站设施

车站服务设施的基本要求：

① 车站应配有照明、给排水、广播、时钟、通风、火灾自动报警、视频监控、乘客信息、导向标识、自动售检票系统，并设置安检、自动扶梯、无障碍设施、屏蔽门、公共卫生间、自助机等服务设备设施，以及消火栓、灭火器等消防设施。

② 运营前应具备以下运营条件：车站的出入口、通道、站厅、站台等公共区域畅通；各类服务设备设施、消防设施齐全，性能良好；车站建筑、各类服务设备设施外观整洁；导流围栏等临时服务设施摆放整齐。

③ 运营期间公共区域内各类服务设备设施应保持性能良好，车站要加强日常巡检。如发生设备设施故障，车站工作人员发现或接到乘客的报告后，对于妨碍乘客通行或影响乘客使用的，立即设置“故障提示”，并进行先期处置。故障无法恢复时，应在 15 分钟内报修。

④ 车站应设置线路图、疏散图、首末班车时间、票制票价信息、列车运行方向、乘客须知、进出站引导、地面公交信息、车站周边信息、按线候车等客运服务标识，以及安全、疏散标识，并在车站明显位置设置服务承诺。

⑤ 标识内容应根据信息变化及时更新，破损应及时更换。

⑥ 车站应进行广播宣传。对站台候车乘客应广播排队候车、安全乘车的提示；列车进站时应广播列车开行方向、安全候车的信息；对上、下车的乘客进行广播疏导；换乘站应广播换乘路线信息。

⑦ 车站公共区域建筑结构表面、公共卫生间、站内服务设备设施、商贸设施应保持整洁，车站应加强卫生日常巡检，及时清除垃圾、污物、涂鸦及小广告。

⑧ 车站内部环境温度规范。装有空调的地下车站，夏季站厅、站台温度不超过 29 °C，相对湿度不超过 65%；未装空调的地下车站，夏季站厅、站台温度不超过 30 °C。冬季地下车站站厅、站台温度不低于 12 °C。

（3）乘客对乘车环境的知觉。

乘客对服务环境的知觉也会受到乘车环境的影响，车厢内的拥挤程度、候车时间的长短、排队是否有秩序，以及车内座椅、扶手是否满足乘客需求等都会影响到乘客的乘车感受。事实上，由于乘客数量众多，高峰时期乘客的乘车感知受到较大影响，这还需要长期的城市轨道规划以及良好的乘车引导来改善（见图 3.17）。

图 3.17　乘车环境

列车内的服务设施要求：

① 列车客室应配备照明、座椅、扶手杆、扶手拉环、通风、广播、安全标识等服务设施，以及应急锤、灭火器、报警器等安全设备设施。

② 列车投入运行前应确保各类设备设施齐全且性能良好，表面完好、整洁。

③ 列车车体、客室及客室内设施、标识应保持整洁，及时清除垃圾、污物、涂鸦及小广告。

④ 列车到站应广播到达车站站名，列车启动后应广播前方到站站名，前方到站为换乘站时应广播换乘信息。

⑤ 列车客室内应设置老弱病残孕专座，且配有相应标识。

⑥ 列车运行时应开启通风设备。配备空调系统的列车，空调开启设定温度原则上为 24 °C。配备加热座椅的列车，在冬季应开启加热功能。

3. 乘客对服务文化的知觉

服务文化是企业的一部分，是体现企业的服务特点、服务水平和服务质量的物质和精神因素的总和，包括物质文化、制度文化、线路文化等。

（1）物质文化。

物质文化是理念文化的外在表现，包括企业的服务形象及硬件设施、服务品牌等，这些是服务文化的基本内容。服务形象包括员工形象和企业标识；硬件设施包括服务机构的设置、服务设施的完善、服务环境的优化等。

（2）制度文化。

制度文化包括服务机制、服务手段、服务特色等，这些是服务文化建设的重要保障。城轨企业将优秀的服务文化用制度的方式规定下来，形成科学的管理体系和服务机制，将抽象的服务理念和要求变为具体的服务指标，渗透到企业的服务活动中，形成自身的服务特色，并鲜明、深刻地印在乘客的脑中。例如，北京地铁的服务原则如下：

① 始终以乘客需求为导向，以建设“人文型”地铁为目标。

② 坚持“以人为本”的服务理念，牢固树立代表城市形象的“首都意识”；坚持服务窗口无小事的“窗口意识”；坚持一切以尊重乘客为先的“服务意识”。

③ 坚持“以客为尊，有理有节；首问负责，微笑服务；遵章守纪、作业标准；坚持原则，灵活处理”的服务原则。

④ 服务行为规范：仪表端庄、态度热忱、言行得体、作业规范。

（3）线路文化。

由于每条线路所经地方不同，地形地貌独特，形成了特有的景色与景点，进而形成了不同的线路文化。

【拓展阅读 3.6】

重庆轨道交通的线路文化

1 号线（朝天门—璧山）：人文风情，主题色是石榴红。

线路简介：主城全长 38 千米，设 22 座车站。以“人文风情”为主题的轨道交通 1 号线从民俗史话、民俗风情着手，以站厅为载体，呈现多组不同题材的壁画、浮雕、图片及涂鸦艺术。多角度回顾重庆发展历程和变化。

图 3.18　重庆轨道 2 号线

2 号线（较场口—鱼洞）：巴渝文化，主题色是森林绿。

线路简介：全长约 37.2 千米，支线从曹家院子到中梁山，长约 6.6 千米，共设

28 座车站。较场口、佛图关等 18 个车站共有 36 堵历史文化故事墙，以图文并茂的形式展示上溯“巫山猿人”，下迄“五四运动”前后的巴渝文化历史，这些故事墙完整呈现了一部荡气回肠的巴渝发展史。

3 号线（鱼洞—外环北路）：寻常百姓，主题色是琉璃蓝。

线路简介：全长约 63.4 千米，支线从江北机场到工业园区，长约 6.3 千米，共设 42 座车站。突出市井百态。城市阶梯小道上掏耳朵、修脚、打麻将……这些极具市井气息的画面一一呈现，旨在留下老重庆普通市民的生活记忆，让更多年轻人了解山城特色的生活场景。

4 号线（海峡路—复盛）：友好城市，主题色是鲜橙黄。

线路简介：全长约 47.3 千米，共设 25 座车站。以图文并茂的形式，对与重庆结为友好城市的发达城市进行介绍。直辖以来，重庆已与包括德国、澳大利亚在内的多个国家的城市结为友好城市，另外，重庆还与上海、成都等城市存在姐妹城市关系。

5 号线（鸳鸯—江津）：印象重庆，主题色是浅葱蓝。

线路简介：主城区全长约 62.1 千米，共设 29 座车站。耸立在两江边的高层建筑、洪崖洞吊脚楼群、“人人重庆”标志……这些独具重庆特色的城市符号，以壁画、照片、浮雕等多种艺术形式集中表现。

6 号线（茶园—五路口）：巴山渝水，主题色是浅粉红。

线路简介：全长约 70.6 千米，支线从蔡家到渝北南山，长约 9.56 千米，共设 32 座车站。重庆地形地貌特殊，有很多区别于其他城市的景点。大足石刻、天生三桥、钓鱼城、黑山谷……这些景点各具特色，独领风骚。

扫码观看视频资源

——引自人民网，有改动

4. 影响乘客知觉的主观因素

主观因素是指知觉主体心理方面的因素。影响乘客知觉的心理因素包括乘客的需要与动机、知识与经验、兴趣与爱好、个性与情绪等。

（1）乘客的需要与动机。

需要是人对客观现实的需求的主观反映，而动机则是人们为了满足需要而激励着主体采取行动的内隐性意向，二者密切相关。凡是能够满足需要、符合动机的事物，往往容易引起注意，成为知觉对象；反之，与需要和动机无关的事物，则易被知觉所忽略。如对于通勤乘客而言，他们最大的需求是交通准时准点，不耽搁自己上下班，而对乘车环境不太在意，对于这样的乘客而言，列车是否准时、能否顺利乘车就成了影响他们知觉的关键。而对于外出购物、旅游的乘客，他们的需求是良好的乘车环境，更在意乘车的舒适度，因此，乘车环境就是影响这类乘客知觉的关键。

（2）乘客的知识与经验。

人的知识与经验直接影响知觉的内容、精确度和速度。经验是从实践活动中得来的知识和技能，它是人们行为的调节器。一般来说，人的知识经验越丰富，对事物知觉就越迅速、越全面、越深刻。如经常乘坐轨道交通工具的乘客，更容易感知服务的变化，更了解服务环境，也更能够熟悉地运用服务设施设备。而对于第一次乘坐轨道交通工具的乘客来说，过多的自主操作设备、复杂的导向标识会让他们对客运服务的便利性产生怀疑，因此，对于首次乘坐轨道交通工具的乘客，客运服务人员需要对其进行更多的引导与服务。

（3）乘客的兴趣与爱好。

人们常常把知觉集中在自己感兴趣或喜爱的事物上，而其他事物作为背景被排除在知觉之外。比如，对艺术感兴趣的乘客可能会对列车或车站的艺术设计感兴趣；而旅游者对车站广播中提到的位置信息感兴趣；喜欢使用电子设备的乘客会对车站及列车上的免费网络更感兴趣。这些都会影响他们对于轨道交通工具的知觉。

（4）乘客的个性与情绪。

人们的个性特征、气质、性格特征等都会对人们的知觉产生影响，如多血质的人对事物感知速度快，而抑郁质的人对事物观察细微。情绪状态在很大程度上影响着个人的知觉水平。在心情愉快的时候，乘客对城轨服务的感知在深度上和广度上都会深刻鲜明；相反，情绪不好、心情烦躁，知觉水平就会降低，而且影响对整体服务的质量评价。

第 4 章　乘客的情绪调节

【知识目标】

◇ 掌握情绪的概念

◇ 掌握情绪的分类、特性

◇ 掌握情绪的表现

◇ 掌握乘客的情绪表现

◇ 掌握乘客情绪的影响因素

◇ 掌握乘客不良情绪的控制

【能力目标】

◇ 能够分析乘客情绪表现对其心理与行为的影响

◇ 能够掌握乘客情绪的调控技巧

【关键概念】

◇ 情绪、情感、两极性、感染性、扩散性、非理性、情绪表现

【知识框架】

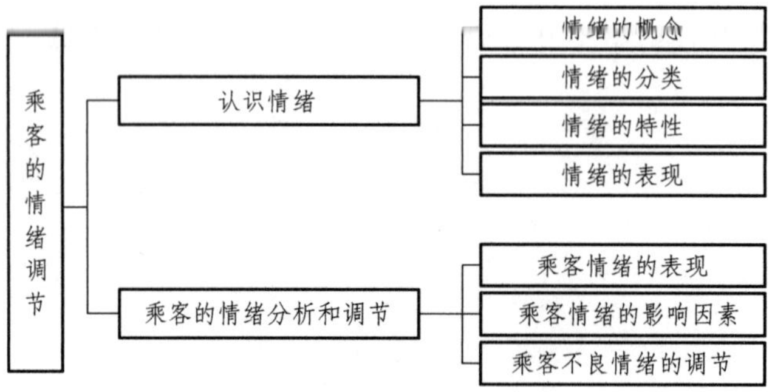

图 4.1　第 4 章知识框架图

一、认识情绪

1. 情绪的概念

情绪（Emotion）是人对客观事物的态度反映，是多种感觉、思想和行为综合产生的心理和生理状态。

最普遍、通俗的情绪有喜、怒、哀、乐、惊、恐等，也有一些细腻微妙的情绪，如嫉妒、惭愧、羞耻、自豪等。情绪常和心情、性格、脾气、目的等因素互相作用，也受到荷尔蒙和神经递质影响。无论正面还是负面的情绪，都会引发人们行动的动机。尽管一些情绪引发的行为看上去没有经过思考，但实际上意识是产生情绪重要的一环。

2. 情绪的分类

情绪是作为对事物的一种反映形式存在的，其内容丰富且复杂。根据情绪的性质、状态及包含的社会内容，可以做出以下不同的分类。

根据情绪体验，可将情绪分为快乐、愤怒、悲哀、恐惧等。

（1）快乐。

快乐是指人们的目的达到后，或者某种需要得到满足时产生的情绪体验（见图 4.2）。如高考时取得好成绩，买了一件自己喜爱的衣服，会产生快乐的体验。快乐可以有满意、愉快、欢乐、狂喜等不同的程度，快乐的程度取决于愿望满足的意外程度。目的突然出乎意料地实现会引起极大的快乐。

图 4.2　快乐表情

【课堂讨论 4.1】

快乐是人最基本的情绪体验，快乐的来源有很多，如买到一件喜欢的衣服会让人快乐，与好朋友聊天会让人快乐，甚至一个好的天气也会令人快乐。那快乐的主要来源是什么呢？

以小组为单位进行讨论，并将讨论结果写于下方。

（1）________________________________

（2）________________________________

（3）________________________________

（2）愤怒。

愤怒是人们在实现某种目的的过程中受到了挫折，或者愿望无法得到满足时产生的情绪体验（见图 4.3）。愤怒按程度可分为不满、生气、暴怒几种。一般来说，当人们遇到挫折时，都会产生一定的不满情绪，但不一定会发怒。如果人们意识到这种挫折是由于他人的恶意中伤造成的，那么，怒气会油然而生。特别是当人的自尊受到伤害、人格受到侮辱时，往往会产生激烈的愤怒情绪，甚至勃然大怒。愤怒是一种不良情绪，它会破坏人的心理、生理平衡，从而诱发各种疾病。因此，容易发怒的人一般体质都欠佳。

图 4.3　愤怒表情

（3）悲哀。

悲哀一般是与所热爱事物丧失和希望破灭有关的情绪体验（见图 4.4）。如亲人去世、升学考试失意都属于这种情况。悲哀按程度可分为遗憾、失望、难过、悲伤、哀痛几种，悲哀的强度取决于个人所失去物的价值。由悲哀引起的紧张的释放就是哭泣，通过哭泣，人们的悲哀情绪得到缓解。哭不仅是表达感情的一种方式，也是一种心理保护措施。当人遭遇到极大的委屈或亲友亡故时都会情不自禁地哭起来。

图 4.4　悲哀表情

（4）恐惧。

恐惧是人们面临危险的情境，或预感到某种潜在的威胁时产生的情绪体验（见图 4.5）。它往往是人们无力摆脱困境时的表现。如大难临头，又无路可走时，人们的恐惧心理就会油然而生。如个人夜间独行，本无危险，但想象到某种可能的危险也会产生恐惧。恐惧按程度可分为怕、惧怕、惊恐和恐怖几种。人在恐惧时，脸色苍白、反应迟钝，有时还会浑身发抖，“心惊肉跳”就是形容人在恐惧时的精神状态。可见，恐惧也是一种消极情绪，有常态和变态之分。对陌生的东西产生恐惧是常态恐惧，如原始人害怕雷电。变态恐惧则是五花八门，千奇百怪。人的恐惧心理多是后天习得的。

图 4.5　恐惧表情

【课堂讨论 4.2】

负面情绪的作用

愤怒、悲哀、恐惧等都是人的负面情绪，此类情绪体验是不积极的，身体也会有不适感，影响工作和生活，甚至对身心造成伤害。但这些负面情绪是否有积极的作用呢？如果有，主要是哪些积极作用呢？

以小组为单位进行讨论，并将讨论结果写于下方。

（1）______________________________

（2）______________________________

（3）______________________________

上述四种基本情绪会派生出许多复杂情绪，如与对他人评价有关的如爱慕、厌恶、怨恨，与对自我评价有关的如谦虚、自卑、悔恨等。

3. 情绪的特性

情绪既是主观感受，又是客观生理反应，具有目的性，也是一种社会表达。情绪是多元的、复杂的，具有如下特性。

（1）两极性。

情绪不同于其他心理过程的一个重要性质是其具有两极性，即每一种情绪都能找到与之对立的情绪。情绪的两极性特点主要表现在四个方面：

① 在动力性上表现为增力和减力两极。一般来讲，满足需要的肯定的情绪都是积极的，可以明显地提高人的活动能力，起着“增力”作用。“人逢喜事精神爽”指的就是这类积极的体验。不能满足需要的否定的情绪都是消极的，如由悲哀引起的忧郁会削弱人的活动能力，起着“减力”作用。

② 在紧张度上表现为紧张与轻松两极。紧张度是指心理和生理冲动的强弱。情绪的紧张程度依赖于情境的紧迫程度和个体的心理准备和应变能力。在客观情况十分紧急或关键的时刻，人们往往会感到紧张，不知所措，甚至浑身发抖。例如，参加高考的学生常常感到焦虑、紧张，但考完后，一般会感到轻松。

③ 在激动度上表现为激动与平静两极。激动是指在短暂的时间内猛烈而爆发性的情绪状态。激动情绪对人的行为影响是复杂的，它可以推动人的行为，也可以阻碍人的活动，如激动得说不出话来。

④ 在强度上表现为强和弱两极。各类情绪的强弱程度是不一样的。例如，怒由弱到强分为愠怒、愤怒、暴怒和狂怒；喜欢由弱到强的变化是：好感、喜欢、爱慕、热爱和酷爱。情绪的强度既与引起情绪的事件对人的意义大小有关，也与人的目的和动机强度有关。

（2）感染性。

人的情绪具有很强的感染性，不仅影响自身的身心状态，也会感染他人。在人际互动中，人们很容易被对方情绪感染，产生相应的情绪体验。积极的情绪向人们传递的是愉快、接纳、满意、肯定等信息，会使对方心情愉快；消极的情绪向人们传递的是不悦、排斥、拒绝、不满、否定等信息，往往会使对方感到压抑，而人们之间的感情的沟通也正是由于情绪的感染功能，才能以情动情。在现实工作和生活中，一些乘客不善于把握和控制自己的情绪，愤怒时，常常怒气冲天，甚至出言不逊，致使周围的人受到伤害。

【拓展阅读 4.1】

笑的传染

“几乎每次一群人里有人开始大笑时，马上就有其他人也跟着笑得前俯后仰。现在，研究者已经发现了隐藏在这个现象后的秘密，而且解释了为什么大笑会这么容易传染。

伦敦大学学院的 Sophie Scott 对 20 个志愿者的大脑活动做了核磁成像，在扫描他们的大脑的同时给他们听大笑声或狂喜的尖叫声或因为害怕和厌恶而抱怨的声音。她还给他们播放了一种中立的没有特别含义的人造声音。

图 4.6　笑的传染

研究发现，所有的这些感性的声音都激起了大脑前额皮质层区域的反应，而这些区域控制了面部肌肉的动作。虽然在大脑扫描过程中被试的面部肌肉并没有动作，但 Scott 认为，这意味着我们的大脑有一个镜像装置，当我们认同别人的感情时，这个镜像装置就引导我们去模仿别人的行为。

扫码观看视频资源

当听到笑声或满意的声音后，大脑的反应比听到消极情绪的声音的反应明显，这意味着当听到别人的值得高兴的事情后，大脑更愿意去模仿。

也许这可以解释为什么大笑这么容易传染，但是研究者仍然疑惑为什么会这样呢？

有一个解释指出：在大脑的进化过程中，当有杂乱无章的争斗时，笑声会释放一个明显的信号——这并不是真的争斗。

另外，Scott 认为模仿别人的情绪能使人与人之间的交流和互动更容易。

就同一个笑话大笑能表现出我们对别人的接纳和认可，这也许是为什么大笑具有传染性的原因。

（3）非理性。

情绪的非理性表现是它的显著特征。这是因为人的任何情绪反应都会和神经活动密切相关，也就是说，人无论产生什么样的情绪，都有相应的神经活动与之伴随。例如，情绪科学研究发现，丘脑、边缘系统及其相邻部位存在着主导积极情绪和消极情绪的神经中枢，即称为“愉快中枢”和“痛苦中枢”。这种相对立的生理机制的发现，为解释情绪的两极性提供了依据。例如，人在快乐的时候，这些器官将分泌出一种物质，使人感觉到轻松、快乐，科学家将其称为“快乐因子”；当人烦闷时，也会分泌出一种物质，使人感觉到压抑、沉重，科学家将其称为“痛苦因子”。这就是为什么“人逢喜事精神爽、闷上心来瞌睡多”的原因。由于这些“因子”的分泌是人的自主神经活动和体内激素分泌的结果，它们并不受意识的控制，所以带有明显的本能反应特征。正因为这种非理性的本能反应特征，才使人的情绪像一匹烈马那样“难以驾驭”，才会使人表现出一些连自己都吃惊、都难以相信的非理智行为。

4. 情绪的表现

情绪表现是有机体情绪状态的外部表现，包括面部表情、身体姿态和言语三个方面。刚出生的婴儿便有情绪表现，如怕、怒、爱等，即一些原始的情绪反应，其与生理需求是否得到满足有关，是与生俱来的。因此，情绪表现是人类进化与适应的产物。

（1）面部表情。

不同的情绪会产生不同的面部表情（见图 4.7）。面部表情能精细、准确地反映人的情绪。伊扎德将人的面部分为额眉—鼻根区、眼—鼻颊区，其认为这三个区域的活动构成了不同的面部表情，表达着相应的情绪。比如，人愉快时，额眉—鼻根区放松，眉毛下降；眼—鼻颊区眼睛眯小，面颊上提，鼻面扩张；口唇—下巴区嘴角后收、上翘。这三个区域的肌肉运动组合起来就构成了笑的面部表情。在表现不同情绪的面部表情中，起主导作用的肌肉各有不同。如笑时嘴角上翘，惊奇时眼和嘴张大，悲哀时双眉和嘴角下垂。

图 4.7　面部表情

【拓展阅读 4.2】

心理学实验——面部表情实验

世界上所有人的面部表情都一样吗？

美国心理学家保罗·艾科曼（Paul Ekman）希望能够找到真正从未接触过大众传媒（例如电视、电影、因特网等）的群体，以证明面部表情是否具有跨文化的一致性。经过诸多周折，保罗·艾科曼和他的工作团队来到了位于巴布亚新几内亚东南部的高原，在那里生活的南弗尔族(the South Fore)人与世隔绝，其社会状态仍处于石器时代。很多当地人几乎没有接触过西方或东方的现代文化。也就是说，除了本族人的面部表情外，他们没有接触过来自其他文化的表现情绪的面部表情。

图 4.8　保罗·艾科曼在原始部落

这次研究总共选中了189名成年人和130名儿童。研究人员给他们呈现了三张印有不同面部表情的照片，同时读一段简短描述该情绪产生的情境或故事情节。每一段情节描述对应三张照片中的一张。听完故事后，要求被试指出与该情节描述最为匹配的面部表情照片。

在故事情节及面部表情照片的选择上要非常谨慎，必须确保每个情节只与一种情绪有关，而且这种情绪所对应的面部表情照片必须能被南弗尔族人所辨认。

最终，艾科曼团队将基本情绪确定为愉快、悲哀、愤怒、惊奇、厌恶、恐惧六种，并编制出与之相匹配的故事情节：

1. 愉快——他/她的朋友来了，他/她很高兴。
2. 悲哀——他/她的孩子/妈妈死了，他/她感到很悲伤。
3. 愤怒——他/她很生气，而且要动手打架。
4. 惊奇——他/她看到一件出乎意料的新玩意儿。
5. 厌恶——他/她看见一件他/她不喜欢的东西；或者他/她闻到某种很难闻的东西。
6. 恐惧——他/她独自坐在自己的屋子里，整个村子里没有其他人。屋子里没有刀、斧头或弓箭，一头野猪正站在他/她的家门口。

实验结果发现：在正确识别照片所代表的情绪的能力上既不存在男女性别差异，也不存在成年人与儿童之间的差异。所有参与实验的南弗尔族人除了在识别恐惧和惊奇时正确率稍低外，其他情绪识别率都非常理想，达到了统计学上的显著水平。

而且比较受过西方文化影响的与未受过影响的南弗尔族成年被试，他们在匹配照片与故事的正确率上不存在显著差异。艾科曼团队的研究科学地证实了人们对面部表情具有普遍性猜测认知。

（2）身体姿态。

身体姿态是除面部之外身体其他部位的动作。头、手和脚是表达情绪的主要身体部位。例如，人在欢乐时手舞足蹈，悔恨时顿足捶胸，惧怕时手足无措，羞怯时扭扭捏捏。舞蹈和哑剧是演员用身体姿态和面部表情反映情感和思想的艺术形式。

以手部肢体动作为例，不同的手部动作体现了不同的情绪状态。

尖塔式手势：代表自信的一种手部动作，对自己的想法或地位非常自信，是某些地位较高的人的保留动作（见图 4.9）。

而人在有压力或焦虑状态时，手部往往会无意识地抓紧且不停地搓动，甚至发抖（见图 4.10）。

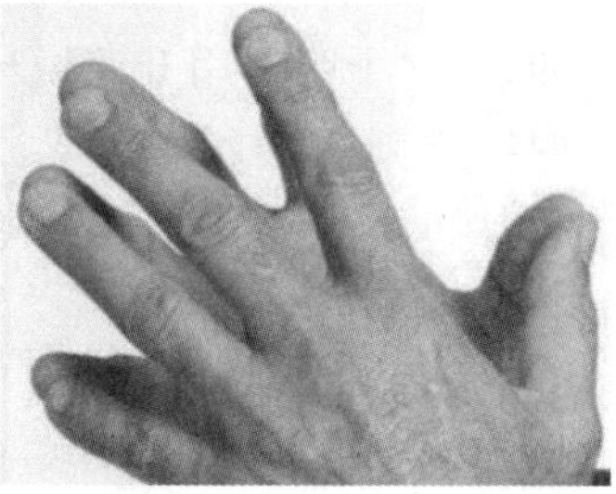

图 4.9　尖塔式手部动作

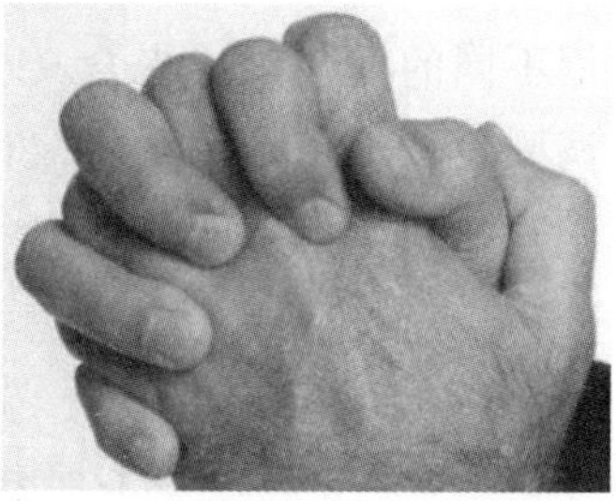

图 4.10　紧张焦虑时手部动作

如果在与人沟通时双手交叉、环抱双手，则体现了距离感，希望用手臂形成与对方的阻隔，与对方保持一定的距离，是一种潜意识的自我保护（见图 4.11）。

图 4.11　双手叉腰动作

从某种角度而言，某人双手叉腰表明其具有一定的进攻性，而双手摊开则表明其不具有威胁性，双手捂住自己的脸部表明无奈与懊悔等。

【课堂讨论 4.3】

身体姿态反映情绪

人的身体姿态往往都与自身情绪状态有关，微小的手部动作或全身的姿态都体现了情绪的变化。除了上述例子外，你还知道哪些表现自身情绪状态的身体姿态？

以小组为单位进行讨论，并将讨论结果写于下方。

（1）____

（2）____

（3）____

（3）言语。

言语的声调、节奏和速度的表现不同，其情绪也不同。

人在高兴时音调轻快，悲哀时音调低沉节奏缓慢，愤怒时声音大、急促而严厉。同样一句话用不同的方式讲出来含义会不同。例如，“你干吗”用升调说出来时表示疑问；用降调则表示不耐烦；用感叹语气强调“吗”字则表示责备。

身体姿态与言语一样是人际交往的重要工具，但是在三种主要表情动作中面部表情起主要作用，而身体姿态和言语往往是情绪表达的辅助手段。

二、乘客的情绪分析和调节

1. 乘客情绪的表现

正常情况下乘客在车站停留的时间一般都不会太长，正常情况下乘客的情绪表现一般都与乘车出行有关。在运营状态正常时，乘客的正常流动路径应该是：进站—购票（交通卡乘客免此程序）—进站闸机—进入站台—候车—上车—到站—下车—离开站台—出站闸机—离开车站，乘客出行是否顺利完全取决于城市轨道交通各专业的配合协调和环环相扣的运营程序。多专业、多工种的特点使城市轨道交通在运营过程中，难免会产生一些专业故障或衔接不畅，这就直接影响到乘客出行，导致乘客的心理波动。

乘客出行过程中的心理情绪异常必然伴随着一些典型表现症状，通过分析，可以更有效地为乘客提供服务。

（1）平静。

平静是人们在没有太多心理刺激的情况下保持情绪稳定的状态。

由于轨道交通工具相对于其他交通工具更加准时准点，有其固定的行车规律，乘客只需要按部就班地乘坐即可。因此，在运行非高峰时期，大部分乘客会很平静，具体表现为：乘客在候车时有序地排队，乘车时保持自己的位置不移动，专心做自己的事，如玩手机、听音乐等。这也是乘客自身对于安静的心理需求。在嘈杂的环境中，尽量保持安静，减少喧哗，动中求静，这是人之常情，也是大多数乘客的共同心理。但是这种情绪状态可能会受一些因素的影响，如在上班高峰期，乘客急于乘车，难以保持平静的状态；也可能受一些突发事件的影响，如出现紧急刹车的情况，乘客的情绪会由平静转为惊惧。

（2）疲劳。

疲劳是人们连续学习或工作以后效率下降的一种现象。

对个体而言，疲劳是一种主观感觉的不适，在客观上往往表现为在相同的条件下，失去其完成原来所从事的正常活动或工作的能力。

疲劳可以分为生理疲劳与心理疲劳：前者是疲劳在生理上的反应，后者是疲劳在心理上的反应。

乘客疲劳的表现有：步履蹒跚、动作迟缓、目光呆滞，对外界的事物表现得漠不关心，总想找个座位休息。

最常见的乘客疲劳情绪大都发生在下班高峰时段。经过了一天的工作，下班后精神放松，很容易产生一种解放和放松感，以及由此产生的一种体力上的不可抗拒的疲劳感。

受疲劳情绪影响的乘客最不愿意被打扰，主观上希望车厢不太拥挤，最好还能有个座位。因此，对车厢拥挤度和列车运行的时间间隔最敏感，总希望在车站等候的时间少些、列车开得快些、列车相对宽松些。如果此时发生非正常运营事件，一般较难取得乘客的理解和配合，因此，车站服务人员在处理相关问题时，必须充分理解乘客的疲劳状况，尽可能少让他们付出体力，明确告知目前的运营情况和恢复运营所需的时间，让乘客自己决定去留，尽量取得乘客的谅解。

（3）焦虑。

焦虑是由人内心不安或恐惧引起的，也是人们遇到某些事情，如挑战、困难或危险时出现的一种情绪反应。例如，当某事物的价值在将来可能会明显降低时，个体就会对该事物产生一种焦虑感。总的来说，焦虑是由紧张、焦急、忧虑、担心和恐惧等感受交织而成的一种复杂的情绪反应。它可能在人遭受挫折时出现，也可能没有明显的诱因。

当发生运营故障、造成运营延误或停运而车站又没有及时提供相关信息时，大多数乘客会产生焦虑情绪。乘客们正常的焦虑情绪比较集中地表现为“坐立不安”“来回走动”“四处张望”“自言自语”“频频问讯”等外在行为。对此，服务员应该及时找出引发乘客焦虑的原因，采用广播、通告等形式消除乘客的焦虑源，对个别乘客也可以采用有针对性的安慰性的语言或给予理解和安抚的目光，这些都能有效地减轻乘客的焦虑反应。

某些乘客的焦虑反应明显，如气质类型属于胆汁质的乘客，在某些极端情况下，其焦虑反应还会发展成歇斯底里、大吵大闹，虽然这种情况比较少，但一旦发生，影响是极坏的，服务人员要保持高度警惕，以免局面失控。

（4）恐惧。

恐惧是指人们在面临某种危险情境，企图摆脱而又无能为力时所产生的担惊受怕的一种强烈压抑的情绪体验。

恐惧在群体中具有较强的感染性，如果个别乘客的恐惧情绪不能及时消除，往往会在其他乘客中蔓延，造成群体性惊慌，甚至使客运秩序失控。

在正常情况下，乘客一般不会产生恐惧情绪，只有在轨道交通发生非正常运营而乘客又不被告知具体信息时，乘客才会产生恐惧。如列车在车站停留时间已经超出了乘客认为的正常停车时间，但仍然没有发车迹象，车站和列车又没有相应的广播告示，乘客就会猜疑，进而感到恐惧。由于恐惧心理具有感染性，其蔓延速度与乘客对危险性的预测和心理承受能力有关。恢复正常运营，或尽快告知造成当前状况的原因以及恢复措施，提醒乘客配合，这才是避免客流组织失控的有效措施。

2. 乘客情绪的影响因素

（1）乘客的需求满足。

影响乘客情绪的首要因素是乘客的需求是否得到满足。乘客的需求是否获得满足，决定着乘客情绪的性质是积极的还是消极的。如果能满足乘客的需求，便会引起乘客的积极情绪，如满意、愉快等。例如，乘客乘车过程顺利，及时到达目的地，或者乘客得到客运服务人员的帮助，解决了购票过程中遇到的问题，乘客会因此产生愉快的情绪；相反，如果乘客需求没有得到满足，则会产生消极情绪，如愤怒、不满等。例如，列车晚点、乘车人数过多导致行程耽搁，这都会让乘客产生不满情绪。

（2）乘客的归因方式。

归因方式指人们对他人或自己行为原因的推论过程。当人们对一种行为或一件事进行归因时，通常遵循三大线索：一是外部归因，即把事件发生的原因归结为外在情境因素；二是内部归因，即把事件发生的原因归结为个人内在的因素，如性格、努力程度以及情绪等；三是综合归因，即把事件发生的原因归结为内、外因素相互作用的结果。

乘客不同的归因会引发不同的情绪。例如在上班高峰期间，乘客无法及时到达上班地点，如果乘客将其归因于“上班的人实在太多了，迟到了也是没办法的事情”，会唤起乘客无奈的情绪，一般不会产生不满意、不愉快和挫折感；但如果乘客将其归因于“为什么轨道公司不多增开一些列车，轨道公司的运营还不够好”，便很容易产生不满之情，甚至愤怒。因为前者的归因是一些不可控的因素，而后者是可以改变的因素，乘客会因此对轨道公司的运营产生怀疑，甚至投诉。

（3）乘客的个性特征。

个性特征是个性心理结构的构成成分之一，是个性心理结构中最为稳定的成分，是人的多种心理特征形成的独特组合。个性心理特征反映出人心理面貌稳定的差异，主要包括能力、气质和性格。

不同个性特征的乘客在面对同样的事件时，其情绪表现也不一样。如列车遇到信号故障，导致紧急停车，性格暴躁的乘客会因此变得急躁、愤怒；而性格冷静的乘客会思考这个事故对自身有多大影响，如果影响不大则保持平静。乘客的情绪受到环境影响的同时，也受到自身个性特征的影响。

3. 乘客不良情绪的调节

乘客的不良情绪对客运服务具有一定的破坏性，对乘客的不良情绪的调节也体现了服务水平的高低。

（1）建立良好的沟通渠道和氛围。

乘客的许多不良情绪是在与客运服务人员的沟通过程中产生的，因此，客运服务人员应加强自身的语言沟通能力，说话办事有分寸，适当运用幽默艺术调节气氛。回答乘客的问询时，要耐心有礼，面带微笑，不得不理睬，不得边走边回答，不得边工作边回答，也不得以摇头、点头等方式回答乘客，应站立或停下手中工作认真回答。如工作确实无法终止应请乘客稍等，并在结束工作后第一时间回答。自己无法回答的，应请教同事，不得误导乘客。对违反地铁有关规定的乘客应采用解释、诱导、委婉的语言，严禁大声呵斥乘客，或推、拉、扯、拽乘客。

如果乘客对客运服务工作不满，向工作人员投诉，工作人员必须认真倾听，使乘客感到接待者十分重视他的问题。倾听时要不时地点头示意。为了使乘客消气息怒，工作人员可以用自己的语言阐述投诉或抱怨的内容，采取同理心倾听的方法。若遇到非常认真的乘客，工作人员在听取乘客意见的同时还应做一些听取意见记录，以表示对乘客的尊重及对反映问题的重视。

良好的沟通渠道和谈话氛围有利于解决问题，反之，则会激怒乘客，加重乘客的怨气。

（2）先调节情绪后解决问题。

情绪具有感染性。在客运服务工作中，常常是从起初的心平气和到一方首先出言不逊，最终因为双方情绪的相互影响而导致冲突爆发。因此，客运服务人员应首先调节好自身的情绪，主动以良好情绪去感染乘客。面对情绪激动的乘客，务必掌握“先调节情绪后解决问题”的窍门，首先自己不能受其情绪的影响，当乘客说气话时，既不能认真计较，也不能回嘴，可装作听不见。如果乘客打着投诉的旗号来发泄情绪，服务人员应当及时请警务人员维持现场秩序，防止乘客因无人监管而寻衅滋事，导致事态进一步恶化。一旦遇到乘客有不合理的过激情绪反应，客运服务人员应该保护好自己，并避免伤及无辜。

（3）提升由乘客造成的突发事件的处理能力。

轨道交通中的突发事件也是乘客不良情绪产生的原因，突发事件会让乘客产生恐惧、猜疑等情绪，此时客运服务人员对突发事件的处理能力就显得尤为重要。

在遇到突发事件时，应立即按照预定的应急预案来组织工作，例如站内突发火灾时，应按照以下程序进行：

① 发现火灾，向值班站长报告和试图灭火；

② 报告行调发生火灾及请求支援，宣布执行疏散计划；

③ 指示环控操作员执行排烟模式，关掉广告电源；

④ 按停扶梯，担任“事故处理主任”，指挥和灭火；

⑤ 向行调报告火灾情况；

⑥ 指引乘客疏散出站；

⑦ 张贴安民告示；

⑧ 拦截乘客进站；

⑨ 引导消防队到火灾现场。

其中，为防止乘客恐惧情绪的蔓延，应利用多种方式通知乘客当前状况以及解决策略，稳定乘客的情绪，以防乘客产生过激行为，导致不必要的伤亡。

【课堂练习 4.1】

不良情绪的调节——同心园地

每个人都会受到不良情绪的影响，而不良情绪的调节方法之一就是向亲朋好友倾诉，通过与他人的沟通，让不良情绪得到释放。你最近是不是受到了不良情绪的影响呢？如果有，可以把它写下来，大家一起解决。

活动规则：

1. 每个同学用小纸条写出近期导致自己情绪不佳的问题或困惑，不记名。

2. 收集纸条并放在小盒子内，统一交给老师。

3. 老师随机抽取小纸条，让班上所有同学对抽中的小纸条上的问题进行解答，一起出谋划策。

第 5 章　乘客的需求满足

【知识目标】

◇ 理解需求的概念、基本特征及种类

◇ 了解马斯洛的需求层次理论

◇ 掌握乘客服务过程中的心理需求

【能力目标】

◇ 能够把马斯洛需求层次理论用于分析乘客心理需求

◇ 能够根据乘客的需求提高服务质量和水平

◇ 能够根据特殊乘客的心理需求提供相应的服务

【关键概念】

◇ 需求、马斯洛需求层次理论、乘客需求、特殊乘客需求

【知识框架】

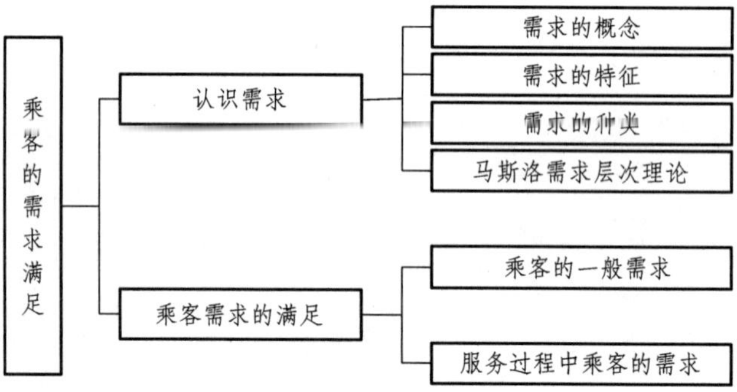

图 5.1　第 5 章知识框架图

一、认识需求

1. 需求的概念

需要是有机体在生存和发展的过程中，感受到的生理和心理上对客观事物的某种要求。它往往以内部的缺乏或不平衡状态表现出其生存和发展对于客观条件的依赖性。这一概念包含两层含义：

（1）需求的产生是源于有机体内部的某种缺乏和不平衡状态。

需求的这种缺乏和不平衡的状态表现为生理和心理两方面。例如，当口渴时，便会产生喝水需求；当饥饿时，便会产生进食的需求。一旦需求得到满足，这种缺乏和不平衡也会随之消失，正如酒足饭饱后再去逛超市，就算见到平时最爱吃的食物，也没有食欲。

（2）需求是人类行为的动力源泉。

人的需求是维持人的行为和活动的基本动力。美国著名心理学家马斯洛曾经说过，人是一种不断需求的动物，除短暂的时间外，极少达到完全满足的状况，一个欲望满足后，往往又会产生另一种欲望。因此，需求推动着人的行为活动，在行为活动中需求不断得到满足，但是另一种需求又会适时出现，推动人的行为活动，使人的活动不断地向前发展。

2. 需求的特征

（1）对象性。

人的需要不是空洞的，而是有目的、有对象的，而且随着满足需求的对象的扩大而发展。

人的需求的对象既包括物质层面，如衣、食、住、行，也包括精神层面，如信仰、文化、艺术、体育；既包括个人生活和活动，如个人日常的物质和精神方面的活动，也包括参与社会生活和活动以及这些活动的结果；既包括想要追求某一事物或开始某一活动的意念，也表现为想要避开某一事物或停止某一活动的意念，这些意念都是根据个人需要及其变化决定的。各种需求的区别，就在于需求对象的不同。但无论是物质需求还是精神需求，都必须有一定的外部物质条件才能满足。例如，居住需要房子，出门要有交通工具，娱乐要有场所。

（2）阶段性。

人的需求是随着年龄、时期的不同而发展变化的。也就是说，个体在发展的不同时期，需求的特点也不同。例如，婴幼儿主要是生理需求，即需要吃、喝、睡；

少年时代开始发展到对知识、安全的需求；到青年时期又发展到对恋爱、婚姻的需求；到成年时，又发展到对名誉、地位、尊重的需求等。

【课堂讨论 5.1】

大学生的需求

人的需求都有一定的阶段性，作为一名大学生，现阶段大家最重要的需求是什么呢？

以小组为单位进行讨论，并将讨论结果写于下方。

（1）____

（2）____

（3）____

（3）社会制约性。

人不仅有先天的生理需求，而且在社会实践中，在接受人类文化教育的过程中，还会发展出许多社会性需求。这些社会需求受时代、历史的影响，又受阶级性的影响。在经济落后、生活水平低下时期，人们需要的是温饱；在经济发展、生活水平提高的时期，人们需要的不仅是丰裕的物质生活，同时也需要高雅的精神生活。具有不同的阶级属性的人，其需求也不一样。资产阶级需要的是不劳而获，坐享其成；工人阶级需要的是自由、民主、温饱和消灭剥削。由此可见，人的需求又具有社会性和历史与阶级的制约性。

【拓展阅读 5.1】

“三大件”需求的变迁

结婚是一个人一生中最幸福、最重要的一件事情。20 世纪七八十年代，为了筹备婚礼，男女双方一般都要置办几件在当时颇为流行的物品，而这些流行物品逐渐演变成人们所谈论的“结婚三大件”。

20 世纪七八十年代，结婚很简单，基本电器三大件就搞定。70 年代的三大件是：自行车、手表和缝纫机，要求高点的会再加上收音机，即“三转一响”。那时候，每个准备结婚的姑娘都想要这三样东西，有的甚至连品牌都有要求，如“上海”牌手表、“永久”牌自行车、“飞人”牌缝纫机，这些都是当时最好的品牌。条件稍差的人家也要有“东风”牌手表、“红旗”牌自行车和“燕”牌缝纫机。而对于没有孩子结婚的人家，也把拥有这“三大件”作为家庭的奋斗目标。

到了 20 世纪 80 年代，人民生活水平日益提高，曾经风靡一时的旧三件也被新三件——电视机、洗衣机和电冰箱所替代。

现在，社会需求又发生了巨大的变化，大家想想现在结婚的三大件是什么？

除了结婚三大件的变化以外，还有哪些需求随着社会的发展而变化？以小组为单位进行讨论，并将讨论结果写于下方。

（1）____________________

（2）____________________

（3）____________________

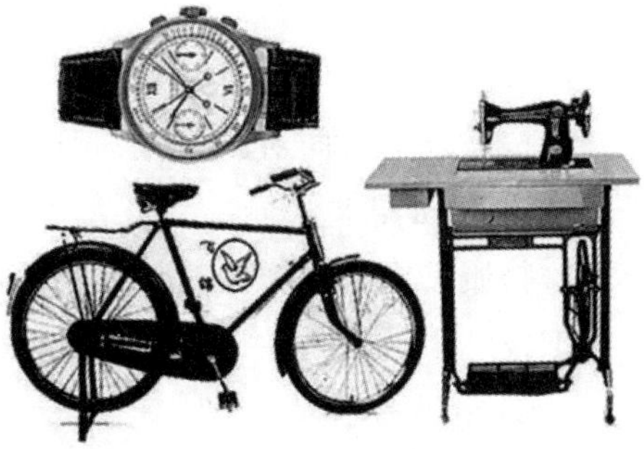

图 5.2　20 世纪 70 年代的“三大件”

（4）独特性。

人与人之间的需求既有共同性，又有独特性。由于生理、遗传因素、环境因素、条件因素不同，每个人的需求都有自己的独特性。年龄不同的人、身体条件不同的人、社会地位不同的人、经济条件不同的人，都会在物质和精神方面有不同的需求。

3. 需求的种类

按照不同的标准和角度划分，需求的种类也不同。目前，大多数学者主要从需求的起源和需求的指向对象两个方面对需求进行划分。

（1）按需求的起源分类。

按需求的起源划分，可将需求分为自然性需求和社会性需求。

① 自然性需求

自然性需求也称为生理性需求或生物性需要，是个体为了维持自己生命和延续种族后代所必需的。这些需求主要是个体内部生理上的缺乏或不平衡引起的需求，包括进食、饮水、排泄、睡眠、性和生育等。动物和人一样都有自然性需求，但二者之间又存在着本质的不同，人的自然性需求深受社会历史文化的制约和影响，在需求的内容、需求的控制以及满足需求的对象方面存在明显的差异性。

② 社会性需要。

社会性需要是指与人的社会生活相联系的劳动、娱乐、交往、求知、成就和社会道德等方面的需求。

社会性需求是在长期的社会生活中后天习得的，作为社会群体的一员，会产生社会性需求。例如，劳动的需求是人类生存的首要条件，一旦丧失劳动力，便会感到难过和焦虑。交往的需求，是为获得别人的关心、爱护和支持，一旦被孤立和隔绝，便会产生恐惧感和不安，因此，社会性需求对于维持人的正常社会生活有着重要作用。

（2）按需求的指向分类。

按需求的指向对象划分，可将需求分为物质需求和精神需求。

① 物质需求。

物质需求是指个体对具体物质的需求，如对衣、食、住、行等有关物品的需求，对工作、生活的条件、劳动用品的需求。

② 精神需求。

人与一般的动物不同，人是具有能动性的、有思想的高级动物，除了基本的物质需求外，还有求知的需求、审美的需求、道德的需求等精神需求，物质需求与精神需求要相比，精神需求的满足给人带来更强烈的幸福感。

以上的两种分类是一种相对的划分，二者是相互交叉的。例如，对进食而言，它既是自然性需求，也是物质需求；对交往而言，它既是社会性需求，也是精神需求。

4. 马斯洛需求层次理论

马斯洛（Abraham H. Maslow）是美国的比较心理学家和社会心理学家。马斯洛于 1954 年在《动机与人格》中提出需求层次理论，把人的需求分为五个等级，分别是生理的需求、安全的需求、归属与爱的需求、尊重的需求和自我实现的需求（见图 5.3）。

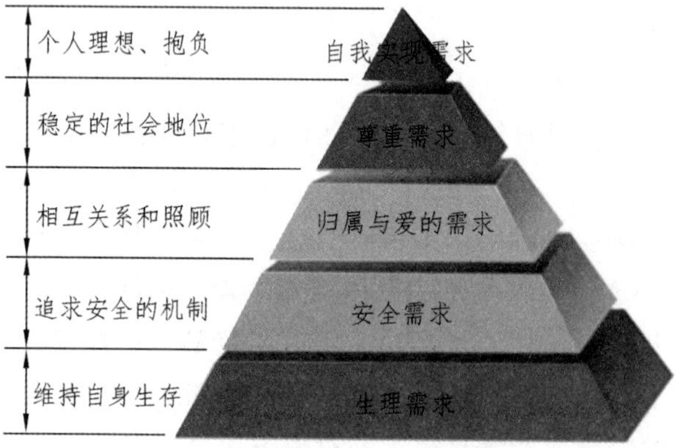

图 5.3　马斯洛需求层次理论

（1）生理需求。

生理需求是人为了能够生存而必不可少的需求，是最原始、最基本、优先满足的生活需求，如食物、水、氧气、睡眠、排泄、性等的需求。生理的需求在五个等级中处于最底层，是一种较低层次的需求，但是他却占有绝对的优势，如果一个人的生理需求得不到满足，个体的生理机能就无法正常运转，生命将受到威胁，那么他的其他需求就将被忽视或被放到次要位置。

（2）安全需求。

当人的生理需求得到满足以后，另一种新的需求便会出现，这就是安全的需求。安全的需求指人们对安全的物理空间、安全的社会环境、稳定的工作与收入、希望得到保护、免除恐惧与焦虑和免于灾难等需求。

（3）归属与爱的需求。

归属与爱的需求主要指人们渴望同团体中的成员建立良好的感情联系，希望被他人信赖、接纳和认可，希望爱与被爱。如果这一需求不能得到满足，个体将会产生强烈的孤独感、空虚感和疏离感，产生痛苦的情绪体验，不利于建立良好的人际关系。

（4）尊重的需求。

尊重的需求表现为自尊和来自别人的尊重两方面，自尊表现为希望获得自信、受赏识、被承认和受拥护等需求。满足尊重的需求会使人产生自信，确信自己的价值和能力，而尊重的需求不能得到满足，人将会受到挫折与打击，从而感到失落、无助、自卑和无能。

（5）自我实现的需求。

自我实现的需求是指人们充分地发挥自身的潜能，最终成为自己所期望的人的一种需求。只有完成与自身能力相匹配的一切事，才能体会到最大的快乐，得到极大的满足。马斯洛提出，为满足自我实现需求所采取的途径和方式是因人而异、截然不同的，有人想成为一名优秀的运动员，有人想成为伟大的母亲，有人想在绘画上得到突破，这一需求也是个体之间需求差异最大的。

【课堂讨论 5.2】

马斯洛需求层次理论的运用

马斯洛把人的需求分为生理的需求、安全的需求、归属与爱的需求、尊重的需求和自我实现的需求五个类别。

想一想乘客在乘坐轨道交通工具的过程中会不会也有以上五类需求？如果有以上需求，其表现通常是什么？

以小组为单位进行讨论，并将讨论结果写于下方。

（1）____

（2）____

（3）____

二、乘客的需求满足

1. 乘客的一般需求

（1）安全的需求。

乘客乘车出行最根本的需要就是安全的需要，它包括人身安全和财产安全两个方面。

每一位地铁乘客都希望车站有良好的治安秩序，倘若治安不好，乘客会提心吊胆。为保证乘车安全，乘客常综合考察自然环境状况、社会治安情况和运输工具的安全性等内容，再做出是乘坐地铁还是其他交通工具的决定。

当亲友出门旅行时，我们祝福他们“一路平安”，这代表了出行者最普通、最基本的共性心理要求。既然是“一路平安”，就是指乘客从离开家门，一直到目的地，包括旅行的全过程都平平安安。

“平安”就是不发生任何危及人身安全和财物安全的意外事故，也就是不会发生人身碰伤、挤伤、摔伤、烫伤等情况，旅行中所携带的财物、文件资料保持完整，不会发生任何丢失或损坏的事情。

在城市轨道交通客运服务过程中，努力满足乘客出行的安全心理需求是所有客运服务人员的首要工作。这就要求地铁运输部门加强治安管理，从技术装备上提高运输载体的安全性，从安全管理上提高客运服务人员对不安全因素的预测和及时处理的能力。

【拓展阅读 5.2】

重庆轨道环线安全事故

重庆轨道集团 2019 年 1 月 9 日凌晨发布消息称，8 日 17 时许，轨道交通环线海峡路至南湖区间人民防护工程出入口门侵入列车行驶区域，与列车发生擦碰，造成第一节车厢略微偏移、车头受损，但未脱轨。事故致 1 人死亡 3 人受伤，重庆轨道环线部分区域停运。

事故发生后，重庆市委、市政府高度重视，分管副市长率市应急局、公安局、住建委、交通局等部门和南岸区委区政府主要负责人赶赴现场，指挥抢险救援工作。重庆轨道集团立即启动应急救援预案，现场工作人员引导 30 名乘客步行疏散，并迅速将 1 名手部轻微受伤的乘客和 3 名受伤的工作人员送往医院救治。据悉，受伤乘客和 2 名工作人员暂无生命危险，1 名工作人员经医院抢救无效死亡。重庆轨道环线海峡路至四公里区间 3 个站（海峡路、南湖、四公里）暂停运，其余线路仍正常运行。

图 5.4　重庆轨道环线安全事故

事发后，相关单位立即组织轨道全线网安全隐患大排查，于 1 月 8 日晚启动轨道线网人防门全面清查整治工作，同时加快事故列车现场起复救援，尽快恢复停运区间运营。

扫码观看视频资源

发生事故的重庆轨道环线是该市新近开通的一条轨道交通线路，当时尚在试运营阶段。重庆轨道交通环线是三次跨江，集连接铁路、公路于一体的快速轨道交通干线，于 2018 年 12 月 28 日正式开通试运营东北半环部分线路，是该市轨道交通线网中唯一的闭合环形线路。

——引自中国新闻网

想一想：重庆轨道环线安全事故引发了哪些安全方面的思考？

（1）______________________________

（2）______________________________

（3）______________________________

（2）便捷的需求。

便捷的需求表现在购票、进出站、上下车以及中转乘车等方面的便捷性。

便捷要求减少出行中的各种中间环节，达到“快捷”的目的。乘客出门时，希望处处方便快捷，这是一种很普遍的共性心理。

为了适应乘客的便捷心理，城市轨道交通客运服务部门需要采取一些措施，如遇大客流时售票处多开售票窗口，减少乘客排队等候时间；延长售票时间，使乘客随时都能购票；妥善设置候车室、检票口、站内通道引导牌等，减少乘客进站上车行走距离；列车上每节车厢保证温湿度适宜等。满足乘客的方便心理要求，其要点是使乘客感到处处、事事、时时方便，节省时间，能够使事情顺利办成。

有些乘客担心自己在乘车过程中遇到障碍，有些焦急。如不听司乘的疏导、怕自己没有好位置而不顾顺序拥挤；向站务员提出过分要求（刷 IC 卡进站索要小额发票等）得不到满足时无理取闹、干扰站务员的正常服务等。面对这些情况，站务员要放下委屈，多解释，细劝说。

【拓展阅读 5.3】

东京地铁的闸机

地铁闸机的安装使用大大提高了检票进站的效率，也更有序了。可是有一个问题，有时候闸机的反应速度有些慢，刷完卡要等零点几秒或者一秒钟闸机才打开，如果乘客有急事或者人特别多的情况下，很容易造成拥堵。

图 5.5　东京地铁闸机

但东京的地铁闸机在设计上注重了一个细节：东京的检票闸机的闸门默认情况下是打开的，只有检测到有人不刷卡强行通过的时候才关闭，因为绝大多数人都会买票或刷卡进站，所以闸机关闭的机会很少，这样可以让人很快地通过检票口。

想一想：除了此类设计外，还有哪些设计可以方便乘客出行？

扫码观看视频资源

（1）______________________________

（2）______________________________

（3）______________________________

（3）服务的需求。

随着构建和谐社会进程加快和社会文明程度的提高，乘客对地铁这个窗口服务行业的服务标准要求也越来越高。

乘客选择城市轨道交通工具，除了为顺利快捷地到达目的地外，在乘坐过程中获得尊重也是内心需求之一。因此，乘客不只要求方便、快捷、准点、舒适外，更期待享受到优质的服务。例如，乘客到车站购票，能够顺利地买到自己需要的车票；上车时，人虽然多，但能够顺利地找到座位；遇到困难时，能够迅速地找到工作人员帮忙解决问题；到站后不确定从哪个出口出站，但通过导向标识可以找到目的地等。客运服务人员对待乘客要态度友好，不能满足乘客要求时，要耐心解释，使乘客明白为什么其需求没有得到满足。在乘坐的过程中，由于运输部门的原因而发生延误的，影响到乘客到达目的地，乘客有权了解事情发生的原因，客运服务人员必须告知乘客，让乘客心里有数，能够提前做好安排。

【拓展阅读 5.4】

广州地铁1号线率先试点女性车厢

广州地铁宣布将在6月28日起早晚高峰时段在1号线试点“女性车厢”。广州地铁称，将以开放的态度悉心聆听来自社会各界和广大乘客的意见和建议，并分阶段开展总结评估，以确定开展下一步的工作。

从6月28日起，工作日的7:30—9:30、17:00—19:00期间（节假日不实施），1号线往广州东站方向的最后一节车厢和往西朗方向的第一节车厢（两边站台的2～5号屏蔽门）设为女性车厢。该时段该车厢供女性乘客使用，而其他时段该车厢则作为普通车厢使用。

图 5.6　广州地铁女性车厢

从试点之日起，广州地铁将会通过站内广播、告示、墙贴、地贴、车厢包装等方式进行宣传，在试点初期，同步增加志愿者在站台进行引导。

扫码观看视频资源

广州地铁称，在公共交通工具上针对不同乘客进行强制性的区别对待目前尚无法律依据；其次，设置专用车厢不符合男女结伴、老幼结伴和家庭结伴出行的实际情况。因此，女性车厢是倡导性质的，地铁方面希望通过长期的倡导，弘扬“关爱女性、尊重女性”的文明理念。

——引自新华网

想一想：除开女性车厢外，还有哪些专门针对乘客的服务？

（1）______

（2）______

（3）______

（4）经济的需求。

经济的需求表现为：乘客希望尽可能地减少所付出的费用和时间，希望在一定的需要满足程度之下，所付出的费用和时间最少。

乘客在乘车出行中对经济性的考虑一般基于两个因素：一是花费。乘客将比较乘坐各类交通工具的价位；二是时间，乘客会比较各类交通工具所费时间，并且结合这两个因素，选出性价比最高的方案。当然，乘客的决定还会受到其他因素的影响，比如此次交通出行的重要性、自身的经济承受能力等。如果本次出行非常重要，或者经济承受能力较强，则乘客对经济的需求会有所下降。

【拓展阅读 5.5】

重庆轨道交通票价优惠政策

一、宜居畅通普通卡、开通电子钱包功能的成人优惠卡，乘车可享受单程票价 9 折优惠。

二、开通电子钱包功能的学生卡乘车可享受单程票价 5 折优惠。

三、年满 70 周岁的老人、残疾军人、因公致残的人民警察、盲人和其他一级二级残疾人凭有效证件可办理免费卡，凭卡免费乘车；三级四级残疾人凭残疾人证办理爱心优惠卡半价乘车；残疾人携带随身必备的辅助器具应予免费。具体政策参照重庆城市通卡有限责任公司相关规定执行。

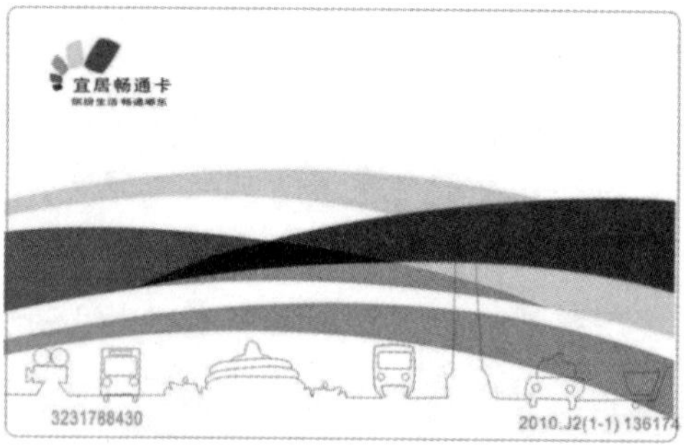

图 5.7　重庆轨道宜居畅通卡

四、1 名成年购票乘客可以免费带领 1 名身高 1.2 米以下（含 1.2 米）的儿童乘车，超过 1 名的，应按超过人数购票。

五、换乘免费：主城区开始实施“公共交通一小时免费优惠换乘”政策。公交车从第一次刷卡开始计时，轨道交通工具从出站闸机刷卡开始计时。一小时之内换乘时，换乘票价低于首次刷卡乘车票价且不高于两元的，实行免费换乘；换乘票价高于首次乘车票价或换乘票价高于两元的，实行优惠换乘，最高可享受两元优惠。

——引自重庆轨道交通

想一想：除以上票价优惠外，你还知道哪些优惠政策？

（1）______________________________________

（2）______________________________________

（3）______________________________________

（5）舒适的需求。

随着经济的快速发展和人们生活水平的提高，乘客对出行舒适性也提出了要求，对乘车环境、车站环境、列车运行时的舒适度、列车到达地的景观等内容的要求也相应提高。

【拓展阅读 5.6】

深圳地铁机场快线开设商务车厢

红色的沙发软座两两相对，中间留出宽敞的过道。座椅的底部架空，留出了放置行李的空间。这样的场景，并非飞机、高铁的设施，而是深圳地铁 11 号线“商务车厢”。

图 5.8　深圳地铁机场快线商务车厢

深圳地铁 11 号线于 2016 年 6 月 28 日开通，全长将近 52 千米。在规划中，11 号线的主要功能为连接市中心和西部区域的“西部快线”，并在此基础上增加了“机场线”职能，即除了满足深圳西部地区市民的出行需求外，还要保障来往深圳的旅客快速抵离机场。为了在一条线路上实现两种需求，相关部门进行了创新，设计了“6+2”模式的列车，在现有运营轨道 6 节普通车厢的基础上，另外增加 2 节商务车厢。

从票价看，商务车厢通常为普通车厢的三倍左右。根据深圳地铁集团此前发布的消息，地铁 11 号线普通车厢单程全程票价 10 元，而“商务座”单程全程票价最高 30 元。由福田到机场普通票价需 7 元，而“商务座”为 21 元。

对于“商务车厢”的开通，部分深圳市民表示支持。经常往来机场的吴先生认为设置商务车厢“很有必要”：“毕竟是机场线，行李多的乘客可以选择商务车厢。”但也有乘客表示反对，认为高峰时期普通车厢已挤得满满的，商务车厢仍然空空荡荡，这是否是一种资源浪费呢？

——引自《新京报》

想一想：你是支持还是反对开设地铁“商务车厢”？

（1）________________________________

（2）________________________________

（3）________________________________

（6）尊重的需求。

人们都希望自己的言行能引起别人的注意，都自信能引起良好的反响，这就是常说的面子思想。如有些乘客在询问站务人员时感觉站务人员对其不冷不热，就感觉自己不受重视，面子挂不住，从而投诉站务人员。所以，站务人员应大胆地、恰当地赞扬乘客的出色之处和优秀之处，这样做不仅乘客高兴，也有利于加强与乘客的交流。当乘客遇到不懂的问题或做错事时，忌当众训斥乘客，忌让乘客在众人面前伤脸面。例如，早晚高峰时，有的乘客图方便，先挤上车而不遵循先下后上的顺序，一味训斥乘客只会产生服务纠纷，起不到宣传教育效果，而应多说：请你遵守文明乘车秩序，先下后上。给了乘客脸面和台阶，我们的工作就好做了。另外，服务用语切忌命令、催促、不耐烦，忌多余的话、埋怨乘客的话，更不能说讽刺挖苦乘客的话。如乘客想了解地铁站附近的某个地方，站务人员如果说“你自己不会去看地图吗”之类的话，会引起乘客的不满。自尊心人人都有，我们必须重视。

（7）安静和秩序的需求。

乘客出行一直处于动荡状态中。在嘈杂的环境中，尽量保持安静，减少喧哗，动中求静，这是人之常情，是大多数乘客的共同心理需求，尤其是在人较多的车厢，这一要求更为迫切。

要保持安静的乘车环境，一方面，乘客本身要约束自己，不要大声说话、来回走动等。另一方面，客运服务人员有责任加强对乘车环境的管理，阻止不利于保持安静环境的事件发生，避免乘客大声喧哗、吵闹，避免老人在早晚高峰在地铁车厢里来回走动索要报纸，更要避免与乘客发生口角、争吵，影响其他乘客休息。

感受安静与否，在一定程度上取决于人对环境的感受。一个井然有序的环境，可以使人心平气和，心情平静。因此，要求客运服务人员加强对环境有序性的管理，这种有序性包括两个方面：一是人的有序性（要下车的乘客先站在列车门口等待下车，不急于下车的乘客往车厢里面走）；二是物的有序性（不要将物品摆放在门口影响别的乘客下车）。另外，保持公共场所的清洁卫生也是有序性的一种表现。清洁、卫生的环境使人心情愉快，心情平静；脏、乱、异味弥漫的环境，会使人烦躁、心情郁闷，久久不能平静。

2. 服务过程中乘客的需求

（1）乘客进站前的需求。

进站前，乘客需要清晰明显的引导标识，引导其进站。由于城市轨道交通系统越来越庞大，乘客很难完全清楚如何找到合适路线进站乘车。因此，在进入地铁车站前会寻找相关进站路线，如向民警或路人询问。因此，相关部门要为乘客进行线路引导，在站点附近设置显著的导向标识，提醒乘客如何进入乘车地点（见图 5.9）。

图 5.9　北京地铁西直门站引导站牌

（2）乘客进站后的需求。

乘客进入车站后，需要对乘车线路、换乘方法进行了解，有的乘客对线路不熟悉，因此不清楚如何乘车、换乘，这需要车站提供本线路各站名的运营线路图，对需要换乘的乘客，还要提供包含所有运营线路的运营示意图，如果乘客还不够清楚，客运服务人员要进行讲解；有的乘客携带了大型行李，或者因自身原因行动不便，客运服务人员需协助其进站。目前地铁车站已经普遍采用自动售票、检票系统，但对首次接触该系统的乘客而言可能还比较陌生，需要有图示或人员指导。

（3）乘客候车时的需求。

乘客候车时，需要有一个安全、舒适、有序的候车环境。安全是乘客乘车的第一需求，可以通过车站固定录音广播、人工广播不断向乘客宣传，强调指出："为了您的安全，请在黄色安全线内候车（请勿蹲姿候车）。"站台安全岗员工也要不断巡视，如发现有乘客越出黄色安全线或蹲姿候车，应立即用手提广播制止，如果效果不好，应及时制止乘客的行为。此外，乘客希望有序地候车，车站人员可以通过人工引导，或车站广播等方式让乘客有序排队，以免产生混乱拥挤；对一些不遵守秩序的乘客进行约束，比如有的儿童乘客在站台上奔跑，客运服务人员要提醒家长带好自己的小孩，不要让他们随意在站台上奔跑，及时上前制止正在追逐打闹的小朋友，用人工广播强调："地面滑，容易摔跤，请家长带好小孩，不要在站台追逐、打闹、奔跑。”

（4）乘客上车后的需求。

上车后，乘客需要一个安全、舒适的乘车环境，因此，需要列车广播以及警示标识提醒乘客安全乘车的信息。可以通过车厢内的宣传标语、车站广播等多种方式向乘客宣传，严禁在车厢内攀爬、悬吊、睡卧、追逐、打闹等，握好扶手、不要站在车辆连接处等乘车信息。此外，乘客会担心乘坐过站，因此，需要有相应的线路图和列车广播及清晰、简练、准确的广播词。乘客到站时，应给予安全上的提醒，可以通过人工广播或站台广播向乘客宣传：“乘客下车时，请小心站台与列车之间的空隙，车门即将关闭时，请不要强行下车，谨防被车门夹伤。

（5）乘车出站时的需求。

乘客出站有两个含意：其一，通过检票机，完成本次乘坐的费用清算后，离开“收费区”（该区域内的乘客是已通过检票，需要乘车或到达车站需要离开但尚未检票的乘客群）；其二，“收费区”外的乘客，需要离开本车站，或到地面、或换乘其他交通工具的乘客。

对于需要离开“收费区”的乘客，基本上只要依照进站的“逆程序”引导乘客出“收费区”即可。但乘客在离开“收费区”的瞬间，其心理活动就变成：“我应当往左还是往右出站（一般车站都有多个出入口），才能离目的地最近”，此时需要有清晰、简练的导向指明出入口编号及地面方位。

乘客踏出车站出入口，本次服务才算是结束。若能在出入口处张贴本出口附近的地理位置、著名建筑物名称和公交线路站点，则更是“锦上添花”。

第 6 章　乘客的个性与服务

【知识目标】

◇ 掌握个性的概念及个性的构成

◇ 掌握气质和性格的概念

◇ 了解气质的分类

◇ 了解性格的分类

【能力目标】

◇ 能够对乘客个性进行分析

◇ 能够对不同个性的乘客进行对应的服务

【关键概念】

◇ 个性、个性差异、气质、性格、乘客个性

【知识框架】

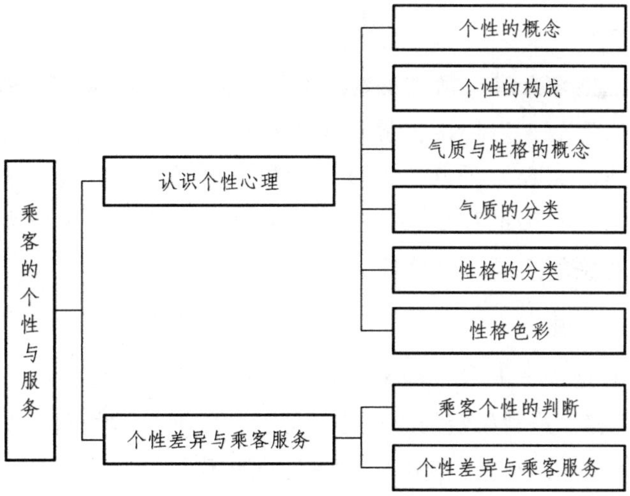

图 6.1　第 6 章知识框架图

一、认识个性心理

1. 个性的概念

个性（Personality）指一个人在思想、性格、品质、意志、情感、态度等方面不同于其他人的特质。

个性表现于外就是个人的言语方式、行为方式和情感方式等，任何人都是有个性的，也只能是一种个性化的存在，个性化是人的存在方式。个性一词最早来源于拉丁文“Personal”，原指古希腊罗马的戏剧演员所带的假面具，后延伸为演员塑造的不同人物性格特征，将人扮演角色的种种行为视为外在品质的表现，而把人的心理特征视为人格的体现，因此，在西方也有人把个性称之为人格。

2. 个性的构成

从构成方式上讲，个性其实是一个系统，其由三个部分组成，如图 6.2 所示。

个性
- **个性倾向性：**需要、动机、兴趣、信念等
- **个性心理特征：**能力、气质、性格等
- **自我意识：**自我认知、自我体验、自我调控等

图 6.2　个性系统

（1）个体倾向性。

个性倾向性是推动人进行活动的动力系统，是个性结构中最活跃的因素。

个性倾向性决定着人对周围世界认识和态度的选择和趋向，决定人追求什么。包括：需要、动机、兴趣、爱好、态度、理想、信仰和价值观。个性倾向体现了人对社会环境的态度和行为的积极特征，对消费者心理的影响主要表现在心理活动的选择性，对消费对象的不同态度体验，以及消费行为模式上。

（2）个性心理特征。

个性心理特征是一个人身上经常表现出来的本质的、稳定的心理特点，主要包括能力、气质和性格。这种稳定的心理特征是个性心理倾向性稳固化和概括化的结果。

个性心理特征的每种特性都和其他特性处于不可分割的有规律的联系之中。能力、气质、性格各有特点，但又相互关联。例如，性格可以改变气质类型，气质又可以使性格带有特殊色彩并影响其形成和发展的速度。

（3）自我意识。

自我意识是对自己身心活动的觉察，即自己对自己的认识，具体包括认识自己的生理状况（如身高、体重、体态等）、心理特征（如兴趣、能力、气质、性格等）以及自己与他人的关系（如自己与周围人相处的关系，自己在集体的位置与作用等）。

自我意识具有意识性、社会性、能动性、同一性等特点。自我意识的结构是从自我意识的三层次，即知、情、意三方面分析的，是由自我认知、自我体验和自我调节（或自我控制）三个子系统构成。自我意识的形成原理包括：正确的自我认知、客观的自我评价、积极的自我提升和关注自我成长。人生不同的发展阶段，其自我意识的形成各有特点。

3. 气质与性格的概念

气质与性格都是个性的组成部分，体现了人与人之间的不同个性特征。

（1）气质。

气质（Temperament）是指人生来便已具有某种稳定的心理活动的动力特征。

我们可以从以下三个方面对气质的定义进行理解：

① 心理活动的动力特征。主要指心理过程的强度、心理过程的速度、心理过程的稳定性和心理活动的指向性等方面在人的行为活动中的表现。其中，心理过程的强度主要是指情绪体验的强弱、意志努力的强度等方面；心理过程的速度主要指对事物知觉的快慢、思维的敏捷程度等方面；心理过程的稳定性主要指注意力集中的稳定性和情绪稳定性等方面；心理活动的指向性主要指个体心理活动倾向于指向内心世界还是外部事物。

② 气质的先天性特征。气质与其他的个性心理特征不同，在很大程度上受遗传因素的影响，与人的神经系统活动有关。

③ 气质的稳定性特征。气质的稳定性主要指气质形成的时间早，一旦形成，很难改变，但气质也不是一成不变的，在后天的社会环境的影响下，有的气质是可以隐藏或改变的，只是这种改变非常细微，而且速度较慢。

（2）性格。

性格（Character）是一个人对现实的稳定的态度，以及与这种态度相应的，习惯化了的行为方式中表现出来的人格特征。

性格是在后天社会环境中逐渐形成的，它是人的核心的人格差异。性格有好坏之分，能最直接地反映出一个人的简单道德风貌。在人对现实的态度问题上，为人们称道的良好性格有许多方面，比如对生活的热爱，对荣誉的追求，对友谊和爱情的忠诚，对他人的礼让、关怀与帮助，对邪恶的仇恨等等。而人对现实的态度表现在人的行为方式之中。为人们欣赏和称赞的方式也有许多方面，比如举止优雅稳重、神态温和端庄、感情豪放、谈吐幽默等。

人对现实的态度和与之相应的行为方式的独特结合，就构成了一个人区别于他人的独特性格。恩格斯曾简明指出性格的完整含义：“人物的性格不仅表现在他做什么，而且表现在他怎样做。”“做什么”，说明一个追求什么、拒绝什么，反映了人对现实的态度；“怎样做”，说明人如何去追求要得到的东西，如何去拒绝要避免的东西；“怎样做”反映了人的行为方式。

4. 气质的分类

古希腊医生希波克拉底很早就观察到人有不同的气质，他认为人体内有四种体液——血液、黏液、黄胆汁和黑胆汁，根据人体内的这四种体液的不同配合比例，将人的气质划分为四种不同类型：

（1）多血质。

体液中血液占优势，神经活动强而平衡、灵活的活泼型，敏捷好动、善于交际、反应灵敏，在新环境里不拘束，在工作学习上精力充沛，且效率高；表现出机敏的工作能力，心神愉快，朝气蓬勃，具有外倾性，使人对什么都感兴趣。但情感易变，缺乏持久力，这类人可以成为有效的活动家，领导家。代表人物：韦小宝、孙悟空、王熙凤。

适合职业：导游、推销员、节目主持人、演讲者、外事接待人员、演员、市场调查员、监督员等。

（2）黏液质。

体液中黏液占优势，神经活动强而平衡、不灵活的安静型，安静、稳重、沉着、沉默寡言、三思而行，生活中是坚持而稳重的工作者，严于遵守既定的生活秩序和工作制度，不为外因而分心，态度上持重，不易激动或转移注意力。代表人物：鲁迅、薛宝钗。

适合职业：外科医生、法官、管理人员、出纳员、会计、播音员、话务员、调解员、教师、人力资源部门主管等。

（3）胆汁质。

体液中黄胆汁占优势，神经活动强而不平衡的兴奋型，直率、热情、反应快，行动敏捷，情绪冲动，具有克服困难、坚韧不拔的意志，但不考虑是否成功，易爆发、狂热，不可抑制，具有外倾性，但若精力耗尽便会失去信心。代表人物：张飞、李逵、晴雯。

适合职业：驾驶员、餐饮服务人员、医生、律师、运动员、冒险家、新闻记者、演员、军人、公安干警等。

（4）抑郁质。

体液中黑胆汁占优势，神经活动较弱的抑制型，体验情绪的方式较少，稳定的情感产生也很慢，但对情感的体验深刻、有力、持久，而且具有高度的情绪易感性，往往为微不足道的事情动感情，对外部环境敏感，易产生幻想，胆小、孤僻、恐惧。为人小心谨慎，思考透彻，但优柔寡断。代表人物：林黛玉。

适合职业：文员、检察员、保管员、机要秘书、艺术工作者、哲学家、科学家等。

气质在人的实践活动中不起决定作用，但有一定的影响。主要表现在，它可能影响活动的效率。如要求做出迅速灵活反应的工作，具有多血质和胆汁质的人比较合适，而具有黏液质和抑郁质的人则较难胜任。反之，要求持久细致的工作，具有黏液质、抑郁质的人较为合适，而具有多血质、胆汁质的人又较难适应。显然，为了提高工作效率，对不同职位和岗位的员工的气质特性就要提出特定的要求，有些特殊工种还有其特殊要求，否则是难以适应和胜任的。

【拓展阅读 6.1】

气质体液说的来源

气质体液说是由古希腊著名医生和学者希波克拉底（约公元前 460—公元前 370 年）最先提出的，后巴甫洛夫从神经心理学的角度解释了该学说。

图 6.3　希波克拉底
（约公元前 460—公元前 370 年）

希波克拉底（见图 6.3）在古希腊医生恩培多克勒（约公元前 495—公元前 435 年）“四根说”的基础上，提出了气质的体液说。他认为：人体含有四种不同的液体，即血液、黏液、黄胆汁和黑胆汁。它们分别产生于心脏（血液）、脑（黏液）、肝脏（黄胆汁）和胃（黑胆汁）。希波克拉底认为，四种体液形成了人体的性质，机体的状况取决于四种液体的正确配合。在体液的混合比例中，血液占优势的人属于多血质，黏液占优势的属于黏液质，黄胆汁占优势的人属于胆汁质，黑胆汁占优势的人属于抑郁质。希波克拉底认为，每一种体液也都是由寒、热、湿、干四种性能中的两种性能混合而成。血液具有热—湿的性能，因此多血质的人温而润，好似春天一般；黏液具有寒—湿的性能，黏液质的人冷酷无情，好似冬天一般；黄胆汁具有热—干的性能，黄胆汁的人热而燥，如夏季一般；黑胆汁的人具有寒—干的性能，因此抑郁质的人如秋天一般。四种体液配合恰当时，身体便健康，否则就会出现疾病。希波克拉底的理论后来被罗马医生盖伦所发展。

（5）气质类型测试。

气质本身无优劣之分，任何一种气质都有其积极和消极的一面，气质也不能决定一个人活动的社会价值和成就的高低。

了解自己和他人的气质在人际交往中也有重要意义。而与人接触时，应该通过对对方语言、行为、姿态等基本个人特征的把握，迅速了解并判断对方属于何种性情，然后，根据自己的判断并结合这些人的特质性的东西，灵活处理采访活动，使得自己能够“游刃有余”。

以下测试表为陈会昌气质量表，又称“陈会昌六十气质量表”。由山西省教科院陈会昌等人编制，共60道题，涉及每种气质类型15题。

【课堂练习6.1】

气质类型测试

你是多血质还是黏液质？不同职业对人的气质有特定的要求，如医务人员要求耐心、细致，飞行员要求机智灵敏、注意力集中等特点。气质具有相对的稳定性，但后天也可以锻炼改造，况且纯粹属于某一气质类型的人很少，大多数人都是几种气质类型兼具的混合体。

施测时间建议：45分钟

下面60道题可以帮助你大致确定自己的气质类型，请根据自己的情况在“很符合、比较符合、介于符合与不符合之间、比较不符合、完全不符合”五个答案中选择一个适合自己的。很符合2分，比较符合1分，介于符合与不符合之间0分，比较不符合-1分，完全不符合-2分（见表6.1）。

表6.1　气质类型测试量表

测试题目	计分
1. 做事力求稳妥，一般不做无把握的事	
2. 遇到可气的事就怒不可遏，想把心里话全说出来才痛快	
3. 宁可一个人干事，不愿很多人在一起	
4. 到一个新环境很快就能适应	
5. 厌恶那些强烈的刺激，如尖叫、噪音、危险镜头	
6. 和人争吵时总是先发制人，喜欢挑衅	
7. 喜欢安静的环境	
8. 善于和人交往	
9. 羡慕那种善于克制自己感情的人	
10. 生活有规律，很少违反作息制度	
11. 在多数情况下情绪是乐观的	
12. 碰到陌生人觉得很拘束	

续表

测试题目	计分
13. 遇到令人气愤的事，能很好地克制自我	
14. 做事总是有旺盛的精力	
15. 遇到问题总是举棋不定，优柔寡断	
16. 在人群中从不觉得过分拘束	
17. 情绪高昂时，觉得干什么都有趣；情绪低落时，又觉得什么都没意思	
18. 当注意力集中于一事物时，别的事很难使我分心	
19. 理解问题总比别人快	
20. 碰到危险情境，常有一种极度恐怖感	
21. 对学习、工作、事业怀有很高的热情	
22. 能够长时间做枯燥、单调的工作	
23. 符合兴趣的事情，干起来劲头十足，否则就不想干	
24. 一点小事就能引起情绪波动	
25. 讨厌做那种需要耐心、细致的工作	
26. 与人交往不卑不亢	
27. 喜欢参加热烈的活动	
28. 爱看感情细腻、描写人物内心活动的文学作品	
29. 工作学习时间长了，常感到厌倦	
30. 不喜欢长时间谈论一个问题，愿意实际动手干	
31. 宁愿侃侃而谈，不愿窃窃私语	
32. 别人总是说我闷闷不乐	
33. 理解问题常比别人慢些	
34. 疲倦时只要短暂的休息就能精神抖擞，重新投入工作	
35. 心里有话不愿说出来	
36. 认准一个目标就希望尽快实现，不达目的，誓不罢休	
37. 学习、工作一段时间后，常比别人更疲倦	
38. 做事有些莽撞，常常不考虑后果	
39. 老师讲授新知识时，总希望他讲得慢些，多重复几遍	
40. 能够很快地忘记那些不愉快的事情	
41. 做作业或完成一件工作总比别人花的时间多	
42. 喜欢运动量大的剧烈体育运动或参加各种文艺活动	
43. 不能很快地把注意力从一件事转移到另一件事上去	

续表

测试题目	计分
44. 接受一个任务后，希望能迅速解决	
45. 认为墨守成规比冒风险强	
46. 能够同时注意几件事物	
47. 当我烦闷的时候，别人很难使我高兴起来	
48. 爱看情节起伏跌宕、激动人心的小说	
49. 对工作持认真严谨、始终一贯的态度	
50. 和周围人的关系总相处不好	
51. 喜欢复习学过的知识，重复做能熟练做的工作	
52. 希望做变化大、花样多的工作	
53. 小时候会背的诗歌，我似乎比别人记得清楚	
54. 别人说我“出语伤人”，可我并不觉得这样	
55. 在体育活动中常因反应慢而落后	
56. 反应敏捷、机智	
57. 喜欢有条理而不甚麻烦的工作	
58. 兴奋的事情常使我失眠	
59. 老师讲新概念，常常听不懂，但是弄懂了以后很难忘记	
60. 假如工作枯燥无味，马上就会情绪低落	

记分：

1. 多血质得分：将以下15题得分相加，计算总分：

题号	4	8	11	16	19	23	25	29	34	40	44	46	52	56	60	总分
得分																

2. 黏液质得分：将以下15题得分相加，计算总分：

题号	1	7	10	13	18	22	26	30	33	39	43	45	49	55	57	总分
得分																

3. 胆汁质得分：将以下15题得分相加，计算总分：

题号	2	6	9	14	17	21	27	31	36	38	42	48	50	54	58	总分
得分																

4. 抑郁质得分：将以下15题得分相加，计算总分：

题号	3	5	12	15	20	24	28	32	35	37	41	47	51	53	59	总分
得分																

确定气质类型的标准：

1. 如果某类气质得分明显高出其他三种，均高出4分以上，则可确定为该类气质。如果该类气质得分超过20分，则为典型；如果该类得分在10～20分，则为一般型。

2. 两种气质类型得分接近，其差异少于3分，而且又明显高于其他两种，高出4分以上，则可确定为这两种气质的混合型。

3. 三种气质得分均高于第四种，而且接近，则为三种气质的混合型，如多血—胆汁—黏液质混合型或黏液—多血—抑郁质混合型。

——引自张拓基、陈会昌：《关于编制气质测验量表及其初步试用的报告》

以小组为单位进行学习讨论，小组人数：4～6人。

讨论每位小组成员的气质类型，并对比测试结果，观察是否一致，发现其气质在生活中的表现。

每组推荐一名成员说明讨论结果。

序号	成员名称	讨论气质类型	测试气质类型	生活中的表现
1				
2				
3				
4				
5				
6				

研究结果表明，多数人的气质属于两种气质的混合型，典型气质和三种气质混合型的人很少。

5. 性格的分类

性格的类型是指体现在一类人身上的性格特征独特组合，也就是从千差万别的个体中寻找出性格的共同特征。根据不同的原则和标准，有以下几种类型：

（1）内外倾向型。

瑞士精神病学家和心理学家荣格特别重视类型学说，他根据“力比多”倾向于内部或外部，把人分为内向型或外向型。荣格称内、外向为态度类型；称思维、情感、感觉、直觉等为机能类型。他又将两者结合起来，组成八种性格类型。后来艾森克发现内、外倾向这两类行为是一个连续体的两个极端。根据对行为特征的测试，所测得的分数接近于常态分布。即指向两端者是少数，而介于内外向之间的人是多数。

（2）机能类型。

英国心理学家培根和法国心理学家李波提出以心理机能把性格划分为理智型、情绪型和意志型三种类型。理智型者通常以理智来衡量一切，并以理智来支配自己的行动；情绪型者情绪体验深刻，言行举止易受情绪左右；意志型者具有较明确的活动目标，行为活动具有目的性、主动性、持久性、坚定性；中间型是混合型或非优势型。

（3）社会文化类型。

德国教育学家和哲学家斯普兰格（E. Spranger）从人类社会文化生活的角度把性格分为六种类型：

A. 审美型。这类人不大关心实际生活，追求艺术美的体验，如艺术家等。

B. 经济型。这类人追逐利润，重视经济观和价值观，如商人等。

C. 社会型。这类人愿为社会、为他人谋利益，如社会活动家等。

D. 宗教型。这类人相信绝对永恒的生命。

E. 理论型。这类人追求真理，善于思考与决断，如理论家、思想家等。

F. 权力型。这类人总想指挥别人，如权力欲者等。

（4）优越型与自卑型。

奥地利心理学家 A.阿德勒创立“个人心理学”，用精神分析的观念来划分性格类型。他根据个人竞争性的不同把性格划分为优越型与自卑型两种。前者恃强好胜，不甘落后，总是想胜过别人；后者甘愿退让，不与人争，缺乏进取心。

6. 性格色彩

性格色彩学是实用心理学的一门分科，由乐嘉创立。作为一名卓越的演讲者和培训导师，他将深奥的心理学理论演绎得深入浅出。主要将人的性格分为红、蓝、黄、绿四种（见图 6.4）。

图 6.4　性格色彩学

（1）红色性格。

红色性格的人是天生的领导者，喜欢挑战。与人交往时，通常是很直接、积极和坦率的，畅所欲言的；很生硬甚至爱讽刺人，但是不一定会耿耿于怀。红色性格的人理所当然地认为别人对他的评价很高。喜欢拥有观众，受人关注。如果他不是现场的焦点，会恼怒。可能伤害了别人还没有意识到。常以自我为中心，喜欢听人吹捧。通常是比较粗心的，容易自我满足。

（2）黄色性格。

黄色性格的人外向，有说服力，喜欢并善于交际，爱好宽泛，兴趣广泛，崇尚浪漫。在聚会中缺了他们一定没有意思。他们不喜欢一个人待着，置身于聚会中，他们会很舒服。在团队中，别人通常不难猜出他们在想什么。

（3）蓝色性格。

蓝色性格的人最喜欢思考。他们通常很平和，感情细腻、深刻，适应环境以避免敌对情况。因为性格敏感并且追求完美，所以很容易受伤。基本上性格谦卑、忠诚而且不张扬，所以不管让他们做什么他们都会竭尽所能。他们谨慎、保守而稳重，所以决策很慢，直到所有的信息都已经核实过。这种行为可能会刺激那些行动更快的人。

（4）绿色性格。

绿色性格的人通常和蔼可亲，容易交往，随和、含蓄、有自制力，不容易生气，不易被激怒。可能隐藏委屈，也可能会耿耿于怀。愿意与相对小团体的亲密的人建立亲密关系。显得心满意足而且随和。通常会表现出很有耐心而且慎重。是好邻居，总乐意帮助那些被当作朋友的人。胜任团队的合作关系，能够与他人和谐融洽地开展工作。

扫码观看视频资源

【课堂练习 6.2】

性格色彩测试

指导老师下载性格色彩测试量表，让同学们一起做做性格测试，看看大家都属于什么性格色彩。性格色彩测试内容：在网上查找性格色彩测试，找到相关资料进行测试。

性格色彩测试：

（1）看看自己都属于哪种性格色彩。

（2）看看身边的同学属于哪种性格色彩。

（3）想一想性格色彩测试是否准确。

二、个性差异与乘客服务

1. 乘客个性的判断

（1）从说话的方式判断乘客个性。

说话声音洪亮的乘客，大多性格开朗。这种性格的人心胸开阔，遇事豁达，不喜欢斤斤计较，比较容易相处，在服务过程中容易沟通。

说话声音缓慢的乘客，大多性格内向，这种性格的乘客，天生善良，遇事表现比较文弱。他们说话很注重别人的感受，怕自己的话语会伤害到别人，所以用缓慢的语气试探别人对他（她）的语言的反应，一般较守规矩。

说话喜欢小声嘀咕的乘客，大多爱议论别人，不好相处，因此，面对这类乘客时，客运服务人员应注意服务细节。

说话干脆利落的乘客大多是急性子。这种性格的乘客，说话办事讲究效率，不喜欢拖泥带水，办事效率高，希望快速解决问题。

有些乘客爱抱怨，在为他们服务时要谨慎，不要惹怒他们，引起他们抱怨。

说话毕恭毕敬的乘客，情绪不外化，让人捉摸不透。这种性格的人常对别人怀有戒备心理，但是如果相处久了，这种性格的人更容易成为交心的挚友。这类乘客在乘坐轨道交通工具时也不会轻易破坏规则。

说话文质彬彬的乘客比较有知识有内涵，个人素质相对较高，这种性格的乘客自尊心也很强，和他们说话要特别小心，如果说话太随意，可能会伤到他们的自尊心。

（2）从走路判断乘客个性。

走路沉稳的乘客从来都是不慌不忙的，哪怕有紧急的事。这种人办事力求求稳，无论做什么事都要“三思而后行”。这样的人比较讲究信义，比较老实，一般来说，工作效率很高，说到做到。

走路前倾的乘客，走路时总是习惯上体前倾，而不是昂首挺胸。这种人的性格比较内向、温和，为人比较谦虚，注意严格要求自己，很有修养。

走路匆忙的女性乘客，走路的时候匆匆来也匆匆去，脚步零乱，那么在一定程度上可以断定这位姑娘性格开朗，心直口快。

走路两手叉腰的乘客有很强的爆发力，在要决定实施下一步计划时常常表现出这样的动作，表面上沉默，其实内心早已有全盘计划。

喜欢踱步的乘客，就姿态来说，这是非常积极的姿态。但是旁人可能对踱步者讲话，因而可能使他思绪中断，并且干扰到他正想做的决定。所以遇到这种情况时，不要去打扰他。

漫步的人外向，端步的人内向。有的乘客走路不规范，而有的人走路头几乎不动，笔直地往前走。前者大多属于外向型的人，对周围的一切都感兴趣，后者关心自己超过别人，很少注意目的之外的人和事！

走路低头的乘客，总是拖着步子，把两只手插进口袋里，只埋头走路，不抬头看路，不知道自己要去哪里。他们往往是遇到了难以解决的问题。

（3）从站立的方式判断乘客个性。

经常双手叉腰站立的乘客，他们做事有很强的自信心，对任何事情都胸有成竹。日常生活中，他们做事比较干练，简单直接。因此，在与这类乘客沟通时，应使其感觉被尊重。

挺胸收腹双脚并拢站姿的乘客，他们在日常生活中比较讲究，很在意别人对自己的看法，对自己的要求比较高。因此，客运服务人员应注意细节，不要因为一些小事让他们不满意。

习惯把双手叉入裤袋的乘客，在日常交往中比较随和，但有时不大喜欢言语，不轻易向人表露内心的情绪。在事业上有城府，喜欢考虑成熟后，等机会出现时再去做。这类乘客一般不会太在意服务过程，只要能顺利到达目的地就好。

站立时常把双手叠于胸前的乘客比较坚强，他们不害怕困难，有很强的自我保护意识，在事业上即使遇到大的困境，仍然会精神抖擞，迅速振作来战胜。这类乘客在服务过程中，常常希望由自己做主，不需要服务人员过于照顾。

站立时把双手常放于臀部的乘客擅长交际沟通，处事小心谨慎，在工作上绝对不会有马虎之举，他们立场坚定，认定的事情一做到底，对事业比较执着。这类乘客有很好的领导能力，在乘坐轨道交通工具时一般不会主动违反规则，看重规矩。

喜欢倚靠在一个地方站立的乘客待人坦诚，喜欢轻松的生活，在事业上安分守己，容易满足现状，他们在创业上求稳，不喜欢冒险。这类乘客不希望在乘坐过程中受太多打扰。

站立时一只手放到裤袋，另一只手放在身旁的乘客大多具有多重性格，情绪有时不稳定，他们擅长应对复杂的事，能处理好各种问题。

时常两脚大分开站立的乘客大多比较稳重、自信、上进。这类乘客在服务过程中喜欢自己做决定，不希望别人帮他们做主。

不断改变站立姿态动来动去的乘客追求自由，不喜欢安于现状，有时性格比较急躁，工作效率比较高，往往今天能完成的事，决不留到明天再做。这类乘客在遇到突发事件时会显得比较急躁，服务人员要尽快安抚其情绪。

【课堂讨论 6.1】

个性的判断

对乘客个性的判断可以通过诸多细节来进行，除了通过上面提到的“说话方式”

“走路姿势”“站立姿势”进行判断外，还可以通过哪些细节来判断？请举例说明。

以小组为单位进行讨论，并将讨论结果写于下方。

（1）＿＿＿＿＿＿＿＿＿＿＿＿＿＿＿＿＿＿＿＿＿＿＿＿＿＿＿＿＿＿

（2）＿＿＿＿＿＿＿＿＿＿＿＿＿＿＿＿＿＿＿＿＿＿＿＿＿＿＿＿＿＿

（3）＿＿＿＿＿＿＿＿＿＿＿＿＿＿＿＿＿＿＿＿＿＿＿＿＿＿＿＿＿＿

2. 个性差异与乘客服务

（1）活泼型乘客。

活泼型相当于多血质。活泼型乘客表现活泼好动，反应快、理解力强、聪明伶俐；动作敏捷、灵活、多变；对人热情大方，喜欢与人交往和聊天，喜欢打听各种新闻；情感外露，并且变化多端，经常处于愉快的心境之中。因此，在与这类乘客打交道时，应尽量满足他们爱交往、爱讲话需求，不要过多重复，以免令其不耐烦。

（2）急躁型乘客。

急躁型相当于胆汁质。急躁型乘客对人热情，感情外露，为人直率，自信。这种类型的乘客容易被激怒，通常喜欢与人争论问题，而且力求争赢。她们对服务的评价易走极端。对急躁型乘客，客运服务人员要注意言谈举止，不要激怒他们，不要计较他们有时不顾后果的冲动言语，一旦出现矛盾，应尽量回避。随时提醒他们别乱扔、乱放和丢失东西。

（3）稳重型乘客。

稳重型相当于黏液质。稳重型乘客平时表现安静，喜欢清静的环境。他们很少主动与人交往，很少滔滔不绝和大声说笑，情感很少外露，使人猜不透他们想什么或需要什么。但稳重型乘客自制能力很强，做事总是不慌不忙，力求稳妥，生活有固定的规律，很少打扰别人。他们反应慢，希望别人讲话慢些或重复几次，自己讲话也慢条斯理，深思熟虑。他们的注意力比较稳定，不易适应新环境，但一旦适应就不愿改变。在服务工作中，对稳重型乘客介绍或交代事情时，应当注意讲话的速度，适当重复重点。一般情况下，不要过多地与他们交谈，如有交谈，尽量简单明了，不要滔滔不绝，以免他们反感。

（4）忧郁型乘客。

忧郁型相当于抑郁质。忧郁型乘客感情很少外露，心里有事一般不愿对别人讲，宁愿自己想。乘车中表现性情孤僻、不合群、沉默寡言，不喜欢在公共场合与人交往和聊天。这类乘客对事情体验深刻，自尊心强，很敏感，好猜疑，想象力丰富。他们在遇到困难或挫折时，会表现得非常痛苦，如丢失东西，身体有病或与人发生纠纷后会长时间不能平静。他们讲话慢，有时又显得话很多，怕别人听不清楚产生误会，他们行动迟缓、反应慢。在客运服务工作中，对忧郁型乘客应当十分尊重，对他们讲话要清楚明了，和蔼可亲。尽量少在他们面前谈话，绝对不要与他们开玩笑，以免产生误会和猜疑。当他们遗失物品、生病时，应当特别关心他们并给予他们帮助，想办法安慰他们，使其感到温暖。

第 7 章　乘客的群体心理

【知识目标】

◇ 了解群体及群体心理的概念及特征
◇ 掌握各种群体心理类型和群体心理效应
◇ 理解乘客的群体心理及群体行为

【能力目标】

◇ 能对乘客群体心理进行分析
◇ 能针对不同乘客群体进行相应的服务

【关键概念】

◇ 群体、从众、群体心理、通勤乘客群体心理、特殊乘客群体心理

【知识框架】

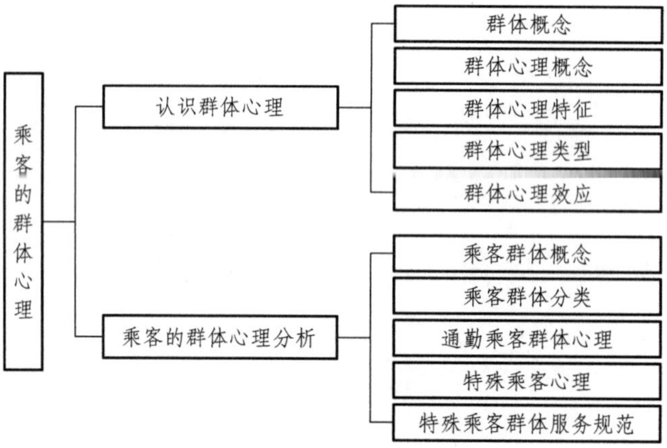

图 7.1　第 7 章知识框架图

一、认识群体心理

“物以类聚，人以群分”。群体与个体相对，是个体的共同体。不同个体按某种特征结合在一起，进行共同活动、相互交往，就形成了群体。个体往往通过群体活动达到参加社会生活并成为社会成员的目的，并在群体中获得安全感、责任感、亲情、友情、关心和支持。

1. 群体概念

群体（Groups）是指在共同目标的基础上，由两个以上的人所组成的相互依存、相互作用的有机组合体。

【发散思维】

想一想：身边的“群体”有哪些？

（1）______________________________

（2）______________________________

（3）______________________________

尽管群体之间在类型、大小、性质、规模等方面千差万别，但所有群体都有下面几个特征：

（1）各成员之间具有共同的群体目标与利益。任何一个群体必须具有群体目标，群体内有相互协作与配合的组织保证，群体内每一个成员有着共同的兴趣，并为实现群体目标而做出自己的努力。

（2）各成员都具有群体意识。群体中每个成员都意识到自己是群体的一员，意识到其他成员的存在，并与他们相互影响，建立起相互依存的关系与情感，群体成员之间经常进行必要的交流与沟通。群体的成员资格有助于建立积极的社会认同，有利于形成一体化的自我感觉。

（3）各群体内部要有分工，有一定的组织结构。群体中的每一个成员都在群体内占有一定的地位，扮演一定的角色，执行一定的任务，有一定的权利和义务，即群体分工。

（4）群体要满足各成员的归属感需要。这是个体自觉归属于所属群体的一种情感，在心理上有依存关系和共同感。有了这种情感，个体就会以这个群体的目标为准则，进行自己的活动、认知和评价，自觉地维护群体的利益，并与群体内其他成员在情感上产生共鸣。

2. 群体心理概念

群体心理是指群体成员在群体活动中共有的、有别于其他群体的价值、态度和行为方式的总和，它是在群体成员的共同活动中，互相影响、互相作用下形成的，是群体成员同社会发生各种联系过程中所产生的心境、情绪、认识和反应。

群体心理是群体成员之间相互作用相互影响下形成的心理活动。所有复杂的管理活动都涉及群体，没有群体成员的协同努力，组织的目标就难以实现。群体心理的显著特征是共有性、界限性和动态性。

群体心理分为小群体心理和大众心理。作为社会的人，彼此之间必然会进行社会交往，从而产生交往心理。交往心理既存在于个人与他人之间，也存在于群体之间，群体心理包括三大类型，即交往心理、小群体心理、大众心理。

3. 群体心理特征

（1）认同意识。

无论正式群体的成员还是非正式群体的成员都有认同群体的共同心理特征，即不否认自己是该群体的成员。他们对自己群体的目标有一致的认识，认同群体的规范，并在此基础上产生自觉自愿的行动，并且对重大事件和原则问题保持共同的认识和评价。当然，每个群体内部的认同程度是不一样的，一般来说，大群体内部的认同程度要相对低一些，而小群体内部的认同程度要相对高一些。

（2）归属意识。

不管是正式群体的成员还是非正式群体的成员，他们都有归属于群体的共同心理特征，也即具有依赖群体的要求。但是，归属意识里面有个自愿感和被迫感的问题。非正式群体成员的归属意识是自愿的归属意识，而正式群体成员的归属意识则不确定，可能是自愿的，也可能是被迫的：个人的优势在正式群体中得不到充分的发挥，就可能对归属于该群体产生被迫感。这是一种和被迫感并存的归属意识。在这种情况下，该成员首先考虑的不是我应该为群体做些什么，而是考虑我归属于这个群体了，群体应该为我负责。所以同样是归属意识，自愿的归属增强凝聚，而被迫的归属增强离散。

（3）整体意识。

由于认同群体，归属于群体，不管是正式群体的成员还是非正式群体的成员都有或深、或浅、或强、或弱的整体意识，即意识到群体有其群体的整体性。但是这种整体意识程度不同，行为表现不同。一般来说，整体意识越强，维护群体的意识也越强，行为具有和群体其他成员的一致性；反之，整体意识越弱，维护群体的意识也越弱，行为具有或强或弱的独立性。但是也有相反的情况。正因为整体意识强，所以在发现群体其他成员的行为有害于整体时采取反对态度，和其他群体成员的行为不一致；正因为整体意识弱，所以采取不负责任的态度，和群体其他成员的行为保持一致。所以整体意识和行为一致是两个互相联系的问题，但不是同一个问题。不能简单地把行为独立性强的人等同于没有整体意识或整体意识不强。

（4）排外意识。

所谓排外意识，是指排斥其他群体的意识。群体具有相对独立性，群体成员具有整体意识，这就必然在不同程度上产生排外意识。排外意识是和群体成员把自己看作哪一个群体的成员，或者说更倾向于把自己看作哪一个群体的成员相联系的。倾向于把自己看作班组群体的成员，他就排斥车间以上的群体；倾向于把自己看作车间群体的成员，他就排斥企业以上的群体，同时他更横向地排斥同级的其他群体。越是把自己看作小群体的成员，排外的意识就越是强烈。因此，“外人”也就更难进入小群体。这反过来也说明，人们往往更重视小群体的利益。

4. 群体心理类型

（1）从众。

从众（conformity）是指群体成员在真实的或想象的群体压力下其行为或信念上的改变，及其伴随的行为方式。

这个定义的实质是群体压力使得个体改变其行为，并以某种方式来行动。在没有群体压力时，个体是不会这样做的。群体的压力可能是明确的，也可能是含糊的，也就是定义中所说的“真实的”或“想象的”。明确的压力是指，如果个体不从众，群体会采取威胁或惩罚等进一步的行为；含糊的或想象的群体压力指的是，个体认为如果他不从众的话，群体可能会惩罚他，即使群体实际上并没有威胁或惩罚他。

【拓展阅读 7.1】

从众实验

从众实验是心理学家阿希（S. Asch 1951）在 1956 年进行的从众现象的经典性研究——三垂线实验。这项实验展示了人们在小组讨论时的从众心理。

实验人员安排受试者坐在一间满是演员的房间里。实验材料是 18 套卡片，每套两张，一张画有标准线段，另一张画有比较线条。如下面有四根线条，一条是标准线条（见图 7.2 左），另外三条，即 A、B、C 是试验线条（见图 7.2 右）。请问哪一条线条与标准线条一样长？

请被试选择和标准线条一样长的线条。很明显，C 线条是与标准线条一样长的，但在该试验中，并不是所有被试都会选择 C 线条，这是因为只有一位是真正的被试，其余参与选择的被试均是事先安排好的演员，演员们故意给出了错误答案，以判断被试是否会接受错误的小组答案。

大量的重复实验的结果令人震惊，即使答案很明显，但在 1/3 的情况中，被试会遵从团体的那“不正确”的答案，而 75%的被试会至少遵从一次，即使团体不够大也会出现如此的“从众行为”。

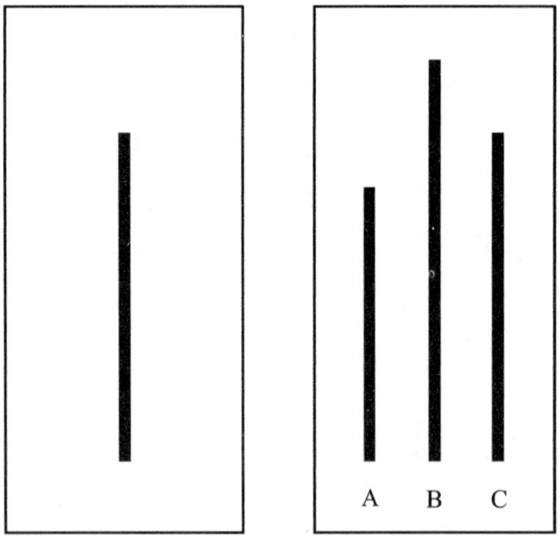

图 7.2　从众实验中的对比线条

想一想，生活中还有哪些典型的从众事件？

（1）________________________

（2）________________________

（3）________________________

（2）众从。

众从（Minority Influence）是一个社会学和社会心理学概念，是指群体中多数人受到少数人意见的影响而改变原来的态度、立场和信念，转而采取与少数人一致的行为的现象。

当群体中有少数人意见保持一致，并坚持自己观点的情况时，多数人可能会怀疑自己的立场是否正确，在思想上动摇不定，一部分人首先转变态度，倾向于少数人的意见，然后多数派内部思想瓦解，越来越多的人转变立场，开始听从少数派的意见，少数派在群体中起到了举足轻重的作用。

【发散思维】

想一想：发生在身边的“众从”现象。

（1）________________

（2）________________

（3）________________

（3）服从。

服从（Obey）是个体在社会要求、群体规范或他人意志的压力下，被迫产生的符合他人或规范要求的行为。

个体服从有两种，一是在群体规范影响下的服从，二是对权威人物命令的服从。社会生活要求每一个个体都要服从基本规范。任何一个群体，不论其规模大小、层次高低，都要求其成员遵守一定的规章制度，完成其承担的工作任务，以实现群体目标并维护团结。美国社会心理学家奥尔波特曾做过关于服从的现场调查，发现 75% 的汽车司机都能绝对服从交通规则，拒不服从者仅占 0.5%。

【拓展阅读 7.2】

米尔格拉姆服从实验

耶鲁大学心理学家史坦利·米尔格拉姆（Stanley Milgram）设计了一个实验，以测试被试在遭遇权威者下达违背良心的命令时，人性所能发挥的拒绝力量到底有多少。

图 7.3　米尔格拉姆的服从实验仪器

参与者被告知这是一项关于“体罚对于学习行为的效用”的实验，并被告知自身将扮演“老师”的角色，以教导隔壁房间的另一位参与者——“学生”，然而学生事实上是由实验人员所假扮的。“老师”被给予一台据称从 45 伏特起跳的电击控制器，并被告知这台控制器能使隔壁的“学生”受到电击。“老师”所取得的答案卷上列出了一些搭配好的单字，而“老师”的任务便是教导隔壁的“学生”。老师会逐一朗读这些单字配对给学生听，朗读完毕后老师会开始考试，每个单字配对会念出四个单字选项让学生作答，学生会按下按钮以指出正确答案。如果学生答对了，老师会继续测验其他单字。如果学生答错了，老师会对学生施以电击，每逢作答错误，电击的瓦特数也会随之提升。

参与者相信，学生每次作答错误会真的遭到电击，但事实上并没有电击产生。在隔壁房间里，由实验人员所假扮的学生打开录音机，录音机会配合发电机的动作而播放预先录制的尖叫声，随着电击伏特数提升也会有更为惊人的尖叫声。当伏特数提升到一定程度后，假扮学生的实验人员会开始敲打墙壁，而在敲打墙壁数次后则会开始抱怨他患有心脏疾病。接下来当瓦特数继续提升到一定程度后，“学生”将会突然保持沉默，停止作答并停止尖叫和其他反应。

许多参与者都表现出希望暂停实验以检查学生的状况。许多参与者在到达 135 伏特时暂停，并质疑这次实验的目的。一些人在获得了他们无须承担任何责任的保证后继续测验。若是参与者表示想要停止实验时，实验人员会依以下顺序回复他：

请继续。

这个实验需要你继续进行，请继续。

你继续进行是必要的。

你没有选择，你必须继续。

如果经过四次回复的怂恿后，参与者仍然希望停止，那实验便会停止。否则，实验将继续进行，直到参与者施加的惩罚电流提升至最大的450伏特并持续三次后，实验才会停止。

在进行实验之前，米尔格拉姆曾对他的心理学家同事们做了预测实验结果的测验，他们全都认为只有少数几个人——10%甚至只有 1%，会狠下心来继续惩罚直到最大伏特数。

结果在米尔格拉姆的第一次实验中，65%（40 人中的 26 人）的参与者都受到了最大的 450 伏特惩罚，尽管他们都表现出不太舒服；每个人都在伏特数到达某种程度时暂停并质疑这项实验，一些人甚至说他们想退回实验的报酬。但是没有参与者在到达 300 伏特之前坚持停止。

实验显示，成年人对于权力者比较服从，几乎愿意去做任何尺度的行为。

---

5. **群体心理效应**

（1）旁观者效应。

旁观者效应（Bystander Effect）是一种社会心理学现象，指在紧急情况时由于有他人在场而没有对受害者提供帮助的情况。

图 7.4　旁观者效应

当紧急情况发生时，大多数人也许会希望自己正置身于一个繁忙的场所里，以提高被帮助的概率。但与这种主流思想正好相反，身处人群当中并不能保证任何事情。心理学中的旁观者效应认为，当周围的目击者很少，甚至没有其他的目击者时，人们更愿意去帮助那些需要帮助的人。而当周围有其他人在场时，人们便觉得总有其他人会挺身而出，不用自己出面。

【拓展阅读 7.3】

小悦悦事件

2011 年 10 月 13 日，广东佛山一五金城内，两岁女童小悦悦连续被两辆车碾轧，7 分钟内，相继有 18 个人路过却视若无睹，不但没有出手相救，甚至连一个报警电话都没打。一旁的监控录像悄然记录下了这一切。

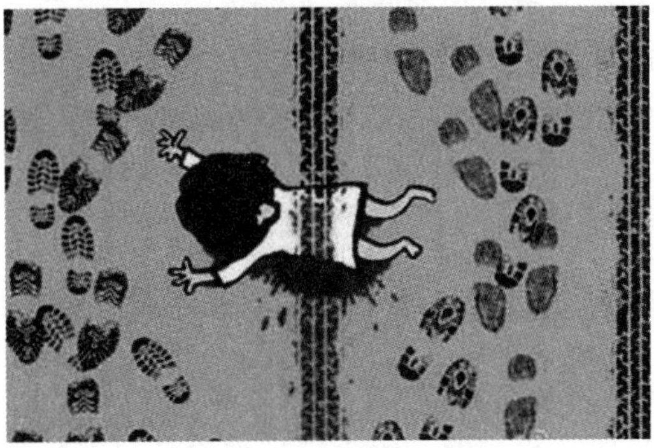

图 7.5　小悦悦事件

大众对此事件中的路人进行了道德谴责。一些社会心理学家从心理学角度分析，认为产生这种现象的原因是“旁观者介入紧急事态的社会抑制”也就是“旁观者效应”在作怪。

（2）社会助长效应。

社会助长效应（Social Facilitation Effect）又称“社会促进现象”，是指当他人在场或与他人一起活动时，群体行为效率有提高的倾向。也就是说，在做某一项工作时，个体和别人一起做往往做得又快又好，比一个人单独做时效率高。

1897 年，特里普里特（N. Tripltt）在《美国心理学杂志》发表了一项目的在于考察他人在场和竞争对个人行为的影响的实验报告。实验是这样进行的：他让被试在一种情境下，骑车完成 25 米的路程，第一种情境是单独骑；第二种情境是让一个人跑步伴同；第三种情境是与其他骑车人竞赛。结果表明，在单独骑时，平均时速为 24 米；有人跑步伴同时，平均时速为 31 米，在竞赛的情况下，平均时速为 32.5 米。这个报告引起了社会心理学家极大的兴趣。1916—1919 年，F.奥尔波特在哈佛大学进行了一系列这方面的实验。

结果证实，一个人单独做一项工作往往不如一群人一起做同样的工作效率高。也就是说，个体在群体中活动有增质增量的倾向。奥尔波特把这种现象称为“社会助长作用”。

（3）社会阻抑效应。

研究也发现了与社会助长作用相反的情况，即个人和别人一起做一项工作时，做得又慢又差，比一个人单独做时效率低。

这种由于他人在场或与他人一起活动，而造成行为效率下降的现象被称为“社会阻抑效应”（Social Inhibition Effect），亦称“社会干扰现象”。

在 F. 奥尔波特的研究中，要求大学生在群体情境下写批驳某一逻辑命题的文章，结果写出的文章数量很多，但质量低于单独情境下写的。研究还证明，有他人在场会降低有关记忆的工作效率，简单的乘法运算也会出错等。我们在日常生活中也体会到在人多而且嘈杂的场所无法深入地思考问题，更不用说学习或研究了。

二、乘客的群体心理分析

1. 乘客群体概念

乘客群体（Passenger Group）是指在城轨服务过程中，在一定条件下由乘客组成的暂时性的人群集合体。这里的一定条件包括乘客内部因素与外部因素的共同作用。其中，内部因素是指乘客的自身因素，如年龄、性别等；外部因素是指乘坐环境方面的原因，如列车晚点、服务不到位等。在这些因素影响下，原来分散的乘客个体就会逐渐演变成乘客群体。

2. 乘客群体分类

（1）根据乘客的性别，可将其分为男性乘客和女性乘客群体。

（2）根据乘客的年龄，可将其分为老年乘客、中年乘客、青年乘客以及儿童乘客群体。

（3）根据乘客出行的目的，可将其分为通勤乘客、商务乘客、自由乘客群体，其中通勤乘客包括以上班、上学、回家为目的的乘客。

（4）根据特殊乘客类别，可将其分为老年乘客、儿童乘客、残疾乘客、疾病乘客、怀孕乘客、初次乘坐轨道交通工具的乘客等。

3. 通勤乘客群体心理

城市交通中，居民出行主要有上班、上学、自由、业务、回家五种出行目的，其中以上班、上学、回家为出行目的的乘客统称为通勤乘客。

由于通勤乘客群体具有出行量大、出行时间相对固定等特征，因此通勤出行对于城市交通产生着非常重要的影响。

一般来说，通勤乘客在通勤过程中的心理过程按形成发展顺序可分为准备阶段、交通发生阶段和回味阶段。其中，准备阶段是指动机产生和目标导向行为的阶段，也是交通通勤行为发生前心理活动最活跃的时期，主要表现为选择具体的公共交通方式以及选择通勤出行的具体线路。交通发生阶段是指目标行为阶段，即出行过程中的心理活动。回味阶段即行为结束，乘客根据出行中的感知，对这一次出行做出评价，同时也为可能发生的出行方式和出行线路的调整（新的出行准备阶段）提供依据。

通勤出行具有一定的稳定性，即通勤乘客的出行时间、出行方式在一定范围内保持稳定。一般公共交通通勤乘客第一次通勤时，他的出行需要严格遵循“准备→发生→回味”三个阶段。当第一次出行满足了他的基本通勤需求，他随后的通勤即直接从“发生”阶段开始，从而形成了一个相对稳定的循环过程。反之，若没能满足他的基本通勤需求，或者由于外界条件变化无法满足其通勤需求，那么他必须在回味阶段对其通勤方式和通勤线路做出必要调整，形成新的准备阶段，直至能够满足其通勤需求，形成新的循环过程。

就城市轨道通勤乘客的心理特征而言，其主要的共性心理特征包含如下几个方面：

（1）时效心理。

时效心理是轨道通勤乘客最基本、最重要的心理特征，也是多种具体心理特征的根源。

通勤出行，特别是上班出行，能否满足时效性需求，往往是通勤乘客考虑的第一要素，同时这也是一般情况下通勤乘客可以接受的最低适当服务水平。这种心理表现在通勤出行的各个阶段和方方面面。在出行准备阶段，通勤乘客往往会更倾向于速度较快的公共交通方式，选择交通比较通畅的线路；在交通发生阶段，尽量加快出行过程中步行的节奏，尽可能地减少在整个通勤过程中的步行距离等。与道路公共交通相比，城市轨道通勤乘客对于时效性的要求更高，对于出行时间的掌握甚至能够精确到分钟，且在整个通勤过程中几乎没有冗余时间。乘客希望时间牢牢地被自己掌握，而不希望有任何外界干扰影响他们的行程。所以，在乘坐轨道交通工具时，通勤乘客往往会选择距离出站口或换乘通道最近的车门乘降，迅速出站，以避免大量人流的影响。

【拓展阅读 7.4】

东京地铁的“推手”

在地狭人稠的日本，地铁是很普及的交通工具，而且乘客通常很多、很挤，尤其是在出行高峰期。

那么，日本首都东京的地铁早上典型的模样是什么样子呢？车子已经够挤了，没想到人还不断塞进去，塞到最后还有人的身体、包包、脚会突出门外，门关上时当然会被“夹到”。

这就是“地铁推手”大显身手的时候了。身穿制服、戴着手套和帽子的他们，每天的例行工作就是确保所有人和他们的物品都安全地塞进了车厢。有时需要将正在关紧的车门拉开一点点，以便车里的人能把被夹住的东西抽进去。

只有车门关上、顺利开走时，他们才能歇一口气；没过一会儿，下一班车又驶进站台……

图 7.6　东京地铁中的“推手”

这在外人看来有点恐怖的状况，上班族们好像都习以为常，面无表情，甚至可以笑出来。

这种拥挤的情况在早上比较突出，而在一天中的其他时间人流比较分散，搭车时间会错开，因此，地铁站也不需要一整天都安排“推手”。

地铁推手最早出现在新宿站，被称作“旅客整理系”，主要由兼职的学生担任。近年，则由站台工作人员或兼职人员担当。据 1975 年的一项统计，推手们让东京高峰时段的地铁载客率达到了设计容量的 221%。

2000 年以后，由于车厢比 20 世纪 70 年代所设计的车型加宽了 60%，再加上受到 90 年代开始的经济衰退的影响，高峰时段载客率也降低到设计容量的 183%。

——引自《光明热点》

想一想，是什么造就了“推手”这一职业？

（1）______________________________

（2）______________________________

（3）______________________________

（2）舒适心理。

舒适心理对于通勤乘客来说就是尽可能追求一种比较舒适的乘车环境。

人们往往不愿意选择非常拥挤的公共交通线路或车辆，而愿意选择乘客比较少的线路或车辆，且更希望在通勤过程中能够找到座位。但是，舒适心理往往会受到实际收入水平的制约，过分追求舒适往往会付出较多的金钱。

在无突发客流的前提下，城市轨道交通平日各站的客流及其变化情况基本保持稳定，且通勤者选择的乘降车门也基本保持稳定，因而到达各站的各车厢内的乘客数目也基本保持稳定。通勤者比较了解各车厢的乘客分布情况，甚至车厢内的座位情况。那么，一些对舒适性要求比较高的通勤者，在候车时就牢牢站在可能存在空余座位车厢的车门位置，列车进站车门开启后就能迅速找到空位坐下 。

（3）愉悦心理。

由于轨道交通具有准时性，一般情况下，如果没有受到通勤之前各种情绪的影响，通勤者在通勤过程中的心态大多是愉快的。但是，同样是由于轨道交通具有准时性，通勤者易对通勤时间提出更高的要求。如果由各种客观原因导致乘车误点，此时由于心情影响，短短的列车间隔时间在他看来也是漫长的。如何调整乘客这时的心情，将是城市轨道交通运输部门未来应当思考的问题。

4. 特殊乘客群体心理

（1）老年乘客的心理。

老年乘客具有安静心理，因行动不灵活、体力差，喜静不喜动。乘车要求不高，不爱给客运服务人员添麻烦。因受身体衰退的影响，老年乘客的脑功能下降，记忆力衰退，精神易兴奋和易疲劳交织，注意力不集中，易受无关因素的干扰；对外界的声光等刺激反应敏感，容易精神疲劳。因此，老年乘客是客运服务人员的重点服务对象，在服务中要多为他们提供方便，多给予照顾。

（2）残疾乘客的心理。

残疾乘客是指身体残疾的乘客。残疾乘客最明显的心理特点是自尊心特别强，不愿意别人把他当作弱者，不会主动请求服务人员的帮助。残疾乘客心理具有敏感性，残疾的状态容易造成当事人过多的注意自己，因而对别人的态度和评论格外敏感，尤其是计较别人对自己带有贬义的、不恰当的称呼。如果有人做出有损他们自尊心的事情，他们往往难以忍受，会当即流露出愤怒情绪或采取自卫的手段加以报复。但事实上这类乘客的自理能力弱，需要别人给予特殊照顾。

（3）儿童乘客的心理。

儿童乘客有明显的好奇心，对新鲜的物体、情景和新的问题有浓厚的兴趣，同时，其行为具有随意性，想到就做。对于车站以及列车上的一些新鲜事物，儿童乘客可能会去触摸、搬动，如果儿童乘客没有监护人看护，可能存在一些安全隐患，影响自身以及他人的安全。对于儿童乘客，客运服务人员一定要嘱咐其监护人，照顾好自己的小孩，不要随意跑动。

（4）疾病乘客的心理。

疾病乘客因为伤病原因，自身的行动受到限制，更希望得到他人的照顾与关怀。

同时，对自然环境的变化，如声、光、温度等特别敏感，稍有声响就紧张不安。躯体不适的耐受力下降、主观体验增强，如感到腹主动脉猛跳，某处神经颤抖等，害怕这些变化会令病情加重。对别人说话的声调、动作等很敏感，易反感。情感脆弱、易激动、爱发怒，情绪易波动。对于患疾乘客，客运服务人员需要对其进行帮扶。如果乘客突发疾病，应及时进行抢救治疗。因此，服务人员应掌握一定的急救知识，根据乘客发病的表现以及通过对陪同家属对该病人的情况的补充进行判断抢救。

（5）怀孕乘客的心理。

怀孕乘客一般会有保护心理，为了保护小孩不受伤害，会对自己的行为以及周围环境特别在意，但车站人流量较大，很难完全保证自身不受影响。因此，怀孕乘客在乘坐城市轨道交通工具时会紧张、焦虑、犹豫不决等。此外，怀孕早期乘客因其生理发生较大变化，对于某些环境较为敏感，如不喜欢闻某些气味，心理和情绪变化大，比较容易出现剧烈孕吐和其他反应。因此，客运服务人员需要对其格外照顾，并嘱咐周边乘客为其让座等。

（6）初次乘坐轨道交通工具乘客的心理。

初次乘坐轨道交通工具的乘客的心理一般体现在两个方面：一是好奇心重，由于没有乘坐过轨道交通工具，对于这类现代化的公共交通工具有强烈的好奇心，乘坐的过程就是探索的过程，抱着学习的心态探索使用各类购票设备；二是对轨道服务质量的期待，相对于道路交通工具，大众对于轨道交通有着更高的期待，希望其安全、快捷、服务质量好等，而首次乘坐时的感受会影响到乘客对轨道交通的长期印象。因此，对于这类乘客，客运服务人员一定要耐心地指导其进出站、购票等，让他们对轨道交通有一个良好的印象。

5. 特殊乘客群体服务规范

（1）老年乘客服务规范。

在售票过程中应放慢语速，音量适当放大但不刺耳，以免惊吓到老年乘客。坚持唱收唱付原则，服务全过程要耐心提示、悉心帮助。

（2）儿童乘客服务规范。

站务员要特别关注儿童乘客，适时提醒看护人照看好他们。避免发生因儿童快跑、与其他乘客发生碰撞引发的摔伤，碰触车站设施设备造成的夹伤等人身伤害。特别是在儿童进出闸机时，应提示看护人“进出闸机，儿童先行”。

（3）聋哑乘客服务规范。

票务员用基本手语问询乘客购票等相关信息，耐心回答乘客疑问，及时提供帮助并提醒乘客注意安全。如有必要，可通过书写或利用图板等多种方式沟通确认，正确为乘客服务。

（4）疾病乘客服务规范。

如发现乘客突发疾病，要快速上前询问，尽可能提供帮助。在乘客意识清醒的情况下，在征得乘客同意后，及时拨打“120”或“999”急救电话并通知其家属。如乘客意识不清，应立即拨打“120”或“999”急救电话并通知其家属。如有必要，应用急救知识对病人进行先期救助。

（5）残疾乘客服务规范。

如遇到肢体残疾的乘客，应主动上前，询问是否需要帮助。经乘客同意后使用无障碍设施，积极提供无障碍接续服务。使用无障碍设施时，提示其他乘客注意避让。

（6）怀孕乘客服务规范。

遇有怀孕乘客提出特殊需求时，应视车站现场情况，灵活处理，提供帮助。

（7）盲人乘客服务规范。

遇有盲人乘客单独进站，站务员要主动上前询问，及时提供帮助。如有必要，积极提供无障碍接续服务。

（8）外埠或外国乘客服务规范。

外埠或外国乘客乘车遇到困难时，应主动上前，询问是否需要帮助。服务过程中应态度和蔼。如因语言障碍无法进行交流时，可通过书写或利用图板等多种方式沟通确认，正确为乘客服务。

第 8 章　客运服务中的人际沟通

【知识目标】

◇ 了解人际沟通的概念及功能

◇ 掌握人际沟通的要素及方式

◇ 了解人际沟通的障碍

◇ 了解人际沟通的技巧

【能力目标】

◇ 能够运用人际交往技巧，正确处理好与乘客之间的关系

◇ 能够运用人际沟通技巧，有效开展城轨客运服务工作

【关键概念】

◇ 人际沟通、语言沟通、非语言沟通

【知识框架】

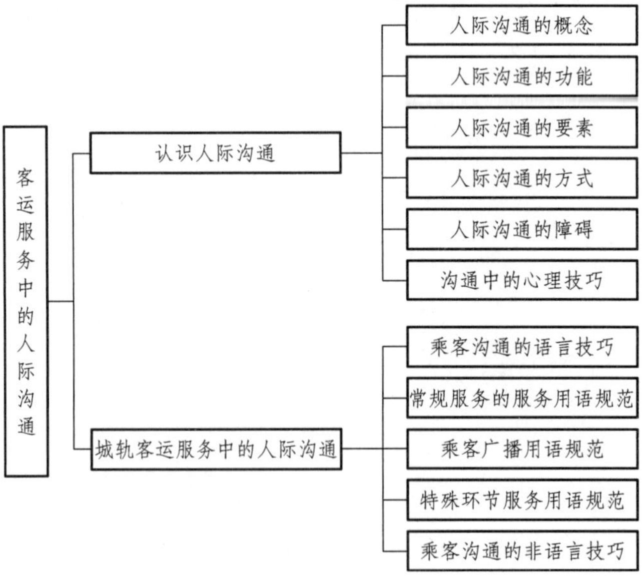

图 8.1　第 8 章知识框架图

一、认识人际沟通

1. 人际沟通的概念

沟通是指双方通过一定的信息交流而达到相互了解的过程。而人际沟通是沟通的一种主要形式，是指个人之间在人际交往中彼此交流思想感情和知识等信息的过程。

人际沟通（Interpersonal Communication）是人们采用言语、书信、表情、通信等方式彼此进行的事实、思想、意见、情感等方面的交流方式。

人际沟通可以达到人与人之间对信息的共同理解和认识，取得相互之间的了解、信任，形成良好的人际关系，从而实现对行为的调节。

2. 人际沟通的功能

（1）信息功能。

通过人际沟通，人们会获得许多资讯，更好地了解他人，从而使双方关系得以发展、改变或者维系下去，及时准确全面的信息有利于人们更好地做决策，并推动着社会的进步与发展。

（2）心理功能。

人际沟通的心理功能表现在两方面：

一方面，为了满足社会需求和他人沟通。在心理学中认为人是一种社会的动物，人与他人相处就像需要食物、水、住所等同等重要。如果人与其他人失去了相处的机会与接触方式，大都会产生一些症状，如产生幻觉，丧失运动机能，且变得心理失调。但隐士们选择遗世独立是一种例外。我们平常可与其他人闲聊琐事，即使是一些不重要的话，但我们却能因此满足彼此互动的需求而感到愉快与满意。

另一方面，为了肯定自我而加强和他人沟通。通过沟通，我们能够探索自我以及肯定自我。有时，自己有什么专长与特质，往往是通过沟通从别人口中得知的。与他人沟通后所得的互动结果，往往是自我肯定的来源，人都想被肯定、受重视，从互动中就能找寻到部分的答案。

（3）社会功能。

人际关系提供了社会功能，且借着社会功能我们可以发展、维持与他人间的关系。我们必须通过与他人沟通来了解他人。通过沟通，关系得以发展、改变或者维系。因此，在与某人做第一次的交谈后，可能会决定是和此人保持距离还是继续交往。

（4）决策功能。

我们无时无刻不在做决策，不论是接下来是否要去看电视，明天要穿哪一套衣服，或者是否该给对方一个微笑，都是在做决策。但有时可能是靠自己就能决定的，有时候却得和别人商量后一起做决定。而沟通满足了决策过程中两个功能：一个是促进资讯交换；另一个是影响他人。而正确和适时的资讯是做有效决策之钥。有时是经由自己的观察所得，有时是从阅读或媒体所得，有时是经由与他人沟通所得。而今天我们也借由沟通来影响他人的决策，如和朋友去买衣服，他的询问意见与你的传达意见之间的互动就可能会影响结果。

3. 人际沟通的要素

（1）信息发出者。

信息发出者。信息发出者是信息沟通的主体，他不仅有目的地传播信息，还对传出的信息进行编码、即把信息加工、组织成便于传递的形式（见图 8.2）。

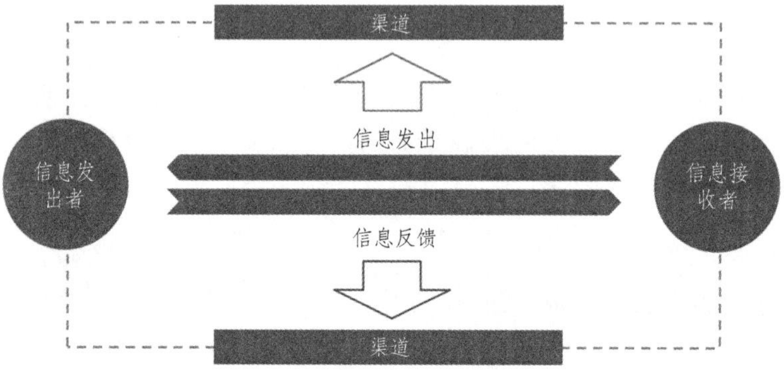

图 8.2　人际沟通要素

（2）信息。

信息是指沟通的内容，是指信息发出者希望传达的思想、感情、意见和观点等。信息包括语言和非语言的行为，以及这些行为所传递的所有影响语言使用的音调、身体语言，如面部表情、姿势、手势、抚摸、眼神等都是发出信息的组成部分。

（3）渠道。

渠道是指信息由一个人传递到另一个人所通过的讯道，即信息传递的途径，是指信息传递的手段。信息必须载入渠道才能存在和传递，声、光、电、动物、人以及报纸、电影、电视等都是信息传递的媒介。

（4）信息接收者。

信息接收者是指信息传递的对象，即接收信息的人。个体在接受带有信息的各种音形符号后，根据自己的已有经验把它“转译”为沟通者发送的信息或态度、情感。

（5）反馈。

反馈是指信息由接收者返回到信息发出者的过程，即信息接收者对信息发出者的反应。有效的、及时的反馈是极为重要的。所以，我们在交流时，要及时反馈，并把反馈加以归纳、整理，再及时地反馈回去。

4. 人际沟通的方式

（1）语言沟通。

语言沟通（Verbal Communication）是指以语词符号为载体进行思考、并用以表达思想和交流信息、影响他人的过程，主要包括口头沟通、书面沟通和电子沟通等。

语言沟通是人际沟通的主要手段，利用语言交流信息时，只要参与交流的各方对情境的理解高度一致，所交流的意义就损失得最少。特别是语言沟通伴随着合适的副言语和其他非语言手段时更能完美地传达信息。

口头沟通是指借助语言进行的信息传递与交流。口头沟通的形式很多，如会谈、电话、会议、广播、对话等等。

书面沟通是指借助文字进行的信息传递与交流。书面沟通的形式也很多，例如，通知、文件、通信、布告、报刊、备忘录、书面总结、汇报等。

（2）非语言沟通。

非语言沟通（Non-Verbal Communication）是语言沟通的补充形式，有时也单独使用。非语言符号系统主要包括副语言和视觉符号两大类。

副语言也称为辅助语言，人们说话的音调、响度、速度、停顿、升调、降调等都有一定的意义，可以成为人们理解言语表达内容的线索。这些伴随言语的线索称为副语言。同一句话加上不同的副语言，就可能有不同的含义。例如“你想到日本去”这句话，如果用一种平缓的声音说，可能只是陈述一种事实；如果加重“日本”这个词，则表示说话者认为去日本是不明智的决定；如果加重“你”这个词，就可能表示对那个人是否能独自出行表示怀疑了。

视觉符号主要包括面部表情、身体动作和姿势、目光接触、人际距离、衣着等，身体接触也是人们常用的一种非语言符号。

语言沟通和非语言沟通各有其作用，在人际沟通中往往是相互依存和补充的。只是由于沟通情境等原因，有时语言沟通的作用大些，有时非语言沟通的作用大些。但近些年，社会心理学家越来越强调非语言线索的作用。

5. 人际沟通的障碍

（1）语言障碍。

语言不通是人们相互之间难以沟通的原因之一。这个障碍在跨文化沟通中尤其明显。当双方都听不懂对方的语言时，尽管也可以通过手势或其他动作来表达信息，但其效果将大为削弱。即使双方使用的是同一语言，有时也会因一词多义或双方理解力的不同而产生误解。

（2）理解障碍。

语义曲解指由于一个人的知觉程度受多种因素的影响，常使得人们对同一事物、同一问题或同一种说法会有不同的理解。双方间出现理解障碍或误会，往往是信息不对称或者是角度不同引起的。所谓“说者无意，听者有心”，当人们面对某一信息时，是按照自己的价值观、兴趣、爱好来选择、组织和理解这一信息的含义的，一旦理解不一致，信息沟通就会受阻，甚至会产生矛盾和争执。

（3）信息混乱。

信息混乱是指对同一事物有不同的信息。例如，令出多门，多个信息源发生的信息互相矛盾；朝令夕改，一会这样一会儿又那样；言行不一，再三强调必须严格执行的制度，实际上却没有执行，或信息发送者自己就没有执行。这些都会使信息的接收者不知所措。

（4）环境干扰。

环境干扰是导致人际沟通受阻的重要原因之一。嘈杂的环境会使信息接收者难以全面、准确地接受信息者所发出的信息。诸如交谈时相互之间的距离、所处的场合、当时的情绪、电话等传送媒介的质量等都会对信息的传递产生影响。环境地干扰往往造成信息在传递的过程中的损失和遗漏，甚至歪曲变形，从而造成错误的不完整的信息传递。

（5）其他因素。

除此之外，成见、偏见、聆听的习惯、气氛等因素也会影响人际关系。其中成见和偏见对于人际沟通的阻碍程度也是致命的。因为在人际关系和人际交往中一旦存在成见或偏见，那么沟通的参与者就不能以正确的观点和态度去进行有效的交往，不能敞开心扉进行沟通，那么从这个层面来讲，沟通就失去了价值。

6. 沟通中的心理技巧

俗话说：“美言一句三冬暖，恶语伤人六月寒。”尊重对方是进行成功谈话的前提条件。很多人侃侃而谈，以为自己很会交流，其实他们只顾着表达自己的意见，没有考虑到他人的感受，这样的交流不算成功的沟通，只是单方面的互动。所以，了解沟通中的心理技巧很有必要。

（1）闲谈是与人交谈的重要组成部分。

不善交谈，大多是不知道怎样抓住谈话时机。心理学家詹姆士说过：“与人交谈时，若能做到思想放松、随随便便、没有顾虑、想到什么就说什么，那么谈话就能进行得相当热烈，气氛就会显得相当活跃。”抱着“说得不好也不要紧”的态度，按自己的实际水平去说，是有可能说出有趣、机智的话语来的。所以，闲谈并不需要才智，只要愉快就行了。

（2）适当地暴露自己。

每个人最熟悉的莫过于自己的事情，所以与人交谈的关键是要使对方自然而然地谈论自己。谁都不必煞费苦心地去寻找特殊的话题，而只需以自身为话题就可以，这样也会很容易开口，人们往往会向对方敞开心扉。以自己为话题开始谈话，能增强对方对你的信任，使对方没有戒心。

（3）掌握批评的艺术。

在交谈过程中，如果不得不提出批评，一定要委婉地提出来，应注意：第一，不要当着别人的面批评。第二，在进行批评之前应说一些亲切和赞赏的话，然后再以“不过”等转折词引出批评的内容，即用委婉的方式。第三，批评对方的行为而不是对方的人格，要用协商式的口吻而不是命令的语气批评别人。第四，就事论事。

（4）附和对方的谈话。

谈话时若能谈谈与对方相同的意见，对方自然会对你感兴趣，而且产生好感。谁都会把赞同自己意见的人看作是一个能帮助自身提升价值、增强自身自尊心的人，进而接纳和亲近。假如我们非得反对某人的观点，也一定要找出某些可以赞同的部分，为继续对话创造条件。此外，还应该开动脑筋进行愉快的谈话。除非是知心朋友，否则不要谈论那些伤心事。

（5）学会倾听。

理想的人际关系是建立在相互交流思想的基础之上的。在直抒胸臆之前，先听听对方的意见或建议是很重要的。一个人越是有水平，他在听别人讲话时就越是认真。倾听对方讲话的方式有：

① 眼睛要注视对方（鼻尖或额头，不要一直盯着对方的眼睛，那样会使人不舒服）。

② 从态度上显示出很感兴趣，不时地点头表示赞同。

③ 身体前倾。

④ 为了表示确实在听而不时发问，如“后来呢？”

⑤ 不中途打断别人的讲话。

⑥ 不随便改变对方的话题。

（6）不失时机地赞美对方。

托尔斯泰说得好：“就是在最好的、最友善的、最单纯的人际关系中，称赞和赞许也是必要的，正如油滑对轮子是必要的，可以使轮子转得快。”利用心理上的相悦性，要想获得良好的人际关系，就要学会不失时机地赞美别人。当然，赞美必须发自内心。同时，应注意赞美对方的具体的行为和变化，而不要笼统地夸这个人好。

（7）学会表达感谢。

在人际交往中，免不了互助，所以哪怕是一件微不足道的小事，也不要忘了说声“谢谢”。仅仅在心里感谢是不够的，还需要表达出来，这一点非常重要。表达感谢时必须使用亲切的字眼。感谢时应注意以下几个方面：

① 真心诚意、充满感情、郑重其事而不是随随便便地表示感谢。

② 不扭扭捏捏，而是大大方方、口齿清楚地表示感谢。

③ 不是笼统地向大家一并表示感谢，而是指名道姓地向每个人表示感谢。

④ 道谢时眼睛应看着对方。

⑤ 细心地、有意识地寻找值得感激的事进行感谢。

⑥ 在对方并不期待感谢或认为根本不可能受到感谢时表示感谢，效果更好。

人际沟通注重和每一个人进行良性的互动。既不能够偏重某些人，使其他人受到冷落；也不应该只顾自己，想说什么就说什么。否则你只是在发表意见，根本不是在进行沟通。善于沟通的人，必须随时顾及别人的感受，又能表达出自己的意见，形成良好的互动过程。

【课堂练习 8.1】

接话游戏——赞美对方

在沟通中，不失时机地赞美对方可以拉近双方之间的距离，给对方留下较好的印象。在课堂上，可以通过以下的接话游戏进行练习：

游戏规则：

（1）指导老师随机选择一位同学，让此同学选择另一位同学作为赞美对象，以“我最佩服××同学”作为开始，发自内心地赞美对方让自己佩服的地方。

（2）被赞美的同学再选择另一位同学，以“我最佩服××同学”作为开始，发自内心地赞美对方让自己佩服的地方。

（3）如此，不断循环进行接话游戏，并达到练习的目的。

注意事项：

（1）赞美的内容要真实，发自内心，尽量详细，并说明相关细节。

（2）指导老师可以通过指定某位同学进行赞美来加大练习难度。

二、城轨客运服务中的人际沟通

在城市轨道交通客运服务中，与乘客沟通效果的好坏直接决定了服务质量，良好的沟通让乘客的舒适感、被尊重感大大增加。与乘客沟通时应注重“真心、诚心、倾心、热心、耐心”。与乘客沟通时应掌握以下技巧：

1. 与乘客沟通的语言技巧

（1）使用普通话，服务语言表达规范准确，口齿清晰，亲切和蔼，语言文明，音量适中。

（2）为乘客提供服务时，应来有迎声、问有答声、走有送声。

（3）对乘客的称呼应礼貌得体，使用“先生”“女士”“老先生”“小朋友”等。如得知乘客姓氏时，应称呼“××先生”“××女士”等。

（4）熟练使用“请”“您”“您好”“对不起”“谢谢”“再见”等文明用语，以表示对乘客的尊敬。不得称呼乘客为“你”。

（5）与乘客对话前，应主动说：“您好。”视具体情况与乘客继续对话，如：

① 乘客问询时：“请问您需要什么帮助？”

② 需要乘客等候时：“请稍候。”

③ 劝阻乘客时：“请您不要……”

④ 需要乘客配合时：“请您……，谢谢合作。”

⑤ 需要乘客谅解时：“对不起，……”

（6）向乘客解释时，应简明易懂、语义明确。

（7）对话时音量适宜，使乘客听清。遇环境嘈杂时，应适当靠近乘客，使用与环境相适合的音量。

（8）车站、车厢进行广播时，语言规范、语句简练、吐字清晰，语速适中、音量适宜；语气不得急促、生硬。

（9）车站站务员应掌握满足岗位要求的聋哑手语，并规范使用。

（10）车站站务员应掌握地铁实用英语，并达到基本英语会话水平。

（11）不应有的说话方式及内容：

① 口齿不清，语言含糊，使用过于专业的术语，令人难以理解。

② 语速过慢，使人感觉烦闷或慵懒倦怠；语速过快，使人思维无法跟上。

③ 远距离向乘客大声喧哗，声音使人感觉粗俗刺耳。

④ 说出有伤乘客自尊心，教训、埋怨、挖苦甚至呵斥乘客的话。

⑤ 与乘客嬉笑玩闹，对乘客评头论足。

⑥ 打断乘客讲话，不给乘客说话的机会。

⑦ 说话敷衍塞责，回避问题。

扫码观看视频资源

⑧ 谈论与工作无关的事情。

【拓展阅读 8.1】

服务案例：安全与服务可兼顾

某日上午 10 点左右，某地铁站的一名男性乘客带着一个小孩在 TVM（自助售票机）上购票。厅巡发现小孩手上拿着气球，于是主动上前对乘客说：“先生，您好！为了您和他人的安全，请不要带气球进站！”男性乘客有点不满地说：“为什么不可以，气球碍你什么事了？”并指责厅巡有意为难他，厅巡耐心向乘客做解释，但乘客坚持乘车是他的权利，谁也无权阻止他，厅巡没有办法只有通知值班站长处理。值班站长接报后马上赶到站厅，在了解情况后，对乘客说：“对不起，先生！为了您和他人的安全，按规定我们确实不能让您进站乘车！”乘客听后更加不满地说：“这是哪门子的规定，这种规定不合理，没有充分为乘客着想，”还说：“人民出这么多的钱建地铁，却没有真正享受地铁带来的方便。”于是值班站长耐心地向其解释：“气球是易爆品，如果携带进站可能会危及到其他乘客的安全，要不把气球的气给放了再带进站乘车，好吗？”乘客开始不同意，最后，通过值班站长耐心的解释，乘客终于同意将气球放气后进站乘车。

事件分析：

1. 厅巡能够及时发现并阻止乘客携带气球进站乘客，并耐心地向乘客解释，在处理不了的情况下，及时向值班站长汇报。

2. 在与乘客沟通时能恰当使用文明用语。

3. 值班站长能灵活运用服务技巧，在刚开始接触乘客时，先说车站的规定，降低乘客的期望值，再向乘客提出放气可进站的主意，最后再设法使乘客气消，同时接受车站提出的建议。

技巧点评：

1. 态度强硬、固执的乘客总是有的，工作人员应该有足够的耐心。

2. 当我们向乘客提出问题的解决方案时，也可以让乘客了解到他的做法使我们很为难，但是不能埋怨乘客，而是与乘客一起商量最佳解决方案，结果令双方满意。

3. 处理为难事件时，为使乘客接受你的提议，可以：先指出乘客的做法是不恰当的，然后提出处理问题的建议，如果乘客不接受再共同讨论其他方法，最终找出令双方均满意的方案。

【拓展阅读 8.2】

服务案例：护卫服务也重要

2005 年 4 月 1 日，某地铁站的站台护卫巡视时发现一名男乘客候车时坐卧在扶梯的不锈钢面板上，便请乘客不要在扶梯上坐卧，然后就到下行线接车。当护卫再次回到上行线时发现乘客并没有从扶梯上下来，就再次要求乘客下来。由于没有耐心地对乘客使用文明用语，乘客对其劝阻的语气和态度表示不满，提出要拍照投诉。同时，用手中的手机对着护卫做拍照的动作。护卫用手挡住镜头，乘客继续做出拍照的姿势，护卫再次挡住，并对乘客说："拍什么拍，你傻啦!"乘客对此更加不满。此时，上行列车准备进站，乘客就从扶梯上下来，快步走向站台边准备上车。此时护卫也转身向紧停按钮处走去，准备接车。由于两人所处位置较近，在转身过程中发生碰撞，乘客误认为护卫有意碰撞，所以转身用肩膀大力地撞了护卫两下后准备上车离去，护卫拉住乘客，问他为什么要撞人，乘客表示强烈不满，并要求护卫叫站长下来处理。护卫对乘客说："你有手有脚，自己上去找。"

事件分析：

1. 站台岗在劝阻违规候车乘客时未耐心使用礼貌用语，造成乘客不满是此次事情的主要原因。

2. 乘客进一步表示不满时，护卫没有意识到严重性，说了不该说的话，没有及时通知值班站长到场处理，导致问题进一步恶化。

3. 在与乘客发生第一次肢体接触产生误会时，未及时向乘客解释道歉，并拦阻乘客上车，导致事态进一步恶化。

4. 行车值班员对站台工作监控不到位，没有发现站台的异常情况。

技巧点评：

1. 员工劝阻乘客违规行为时，应态度和善，语气平和。

2. 作为服务工作者，应该遵守行业规范，忌讳说侮辱乘客的话，以理服人、以礼待人。

3. 在乘客表示不满时，应提高警惕，及时报告车控室，由值班站长处理。

4. 当乘客不理解或责骂时，要聆听其意见，保持冷静，不要跟乘客争对错，把问题交给其他人处理，不能影响本岗位工作。

2. 常规服务的服务用语规范

轨道交通常规服务包括进站引导、安全检查、解答线路问询、人工售票、进/出站服务、乘降组织等环节，每个服务环节都需要针对相应情景，注意相应的沟通的语言规范，具体沟通规范如表 8.1 所示：

表 8.1 常规客运服务的用语规范

服务环节	工作要求	规范语言示例	忌语示例
进站	乘客进站引导	1）请您听从工作人员的指挥，有序进站。 2）请您不要拥挤，有序进站。 3）目前地铁客流较大，我们正在采取限流措施，请您配合	1）现在人多，慢慢排队吧。 2）现在限流，我也没有办法
安检	正常乘客疏导	1）您好。 2）谢谢合作。 3）乘客您好，请您有序安检，谢谢合作。 4）为保证乘车安全，请您自觉接受安检，谢谢合作	这是规定，不检不行！
	遇到乘客拒检	1）您好，为保证乘车安全，请您接受安检，谢谢配合。 2）您好，依据《××市城市轨道交通安全运营管理办法》的规定，请您接受、配合安检	你不听，就报公安机关
	发现乘客携带可疑物品	您好，您的箱包（挎包、箱子、行李等）需要进行开包检查，请您打开箱包，谢谢合作	包里装的什么，打开看看
	遇乘客携带禁、限带品	1）您好，您携带的物品属于轨道交通运营企业公示的禁、限带品，不能携带该物品乘坐地铁。 2）请您换乘其他交通工具，谢谢合作	1）你拿这东西不能乘坐地铁。 2）坐其他车去吧
	乘客寻求帮助无法解答时	对不起，我正在执岗，无法离岗，请您询问其他工作人员	1）不知道，问别人去。 2）不归我管
问询	乘客问询线路等信息	1）您好。您先要乘坐去往××方向的列车，到××站下车后，换乘××线，再乘坐去往××方向的列车，到××站下车，就可以了。 2）您要去××处，应在××处乘坐。	那边有地图，自己看
人工售票	售票	1）您好，请您稍等。 2）请您按顺序排队购票。 3）您好，请问您买几张票？ 4）收您××元。/您的钱正好。 5）找您××元。请收好	1）我们这里没零钱。××元，我们找不开。 2）等会，我正数钱呢！ 3）这钱太脏、太破啦，换一张。 4）这张是假币
	充值	1）您好，请问您充值多少元？ 2）您充值××元，请您确认（说话过程中，用手指向客显屏）。 3）找您××元，请收好（将卡、找零、发票同时交给乘客）	
	收到残币、假币	请您换一张，这张钱币残缺超标（这张纸币有问题），谢谢	
	乘客等候不耐烦	对不起，让您久等了	

续表

服务环节	工作要求	规范语言示例	忌语示例
自助售票	自助售票服务	1）您可使用自动售票机进行自助购票/充值业务。 2）请您稍等，我逐一为大家处理。 3）您可依据自动售票机的提示自助购票。 4）我这里可以为您提供换币服务。 5）我可以帮助您使用自动售票机	1）我这会忙着呢！ 2）自己看机器使用说明去
候车	乘客候车	1）请您站在黄色安全线以内候车。 2）请您不要倚靠屏蔽门，以免发生危险。 3）请您按照候车线指示，排队候车。 4）车站候车乘客较多，请您分散上车。 5）请您分散候车，谢谢合作	1）排好队！ 2）别靠门！
上车	乘客上车	1)现在是乘车高峰时段,请您分散车门上车。 2）列车即将进站，请您注意安全，往后站。 3）请您让开车门、先下后上，上不去的乘客请您等候下次列车，谢谢合作。 4）请您抓紧时间，先下后上，快速乘降。 5）请您往车厢中部走。 6）车门即将关闭，请等候下次列车。 7）请不要抢上抢下，顺序上下。 8）请不要冲撞屏蔽门，耐心等待下次列车	1）快点儿！ 2）别抢了！
出站	乘客出站	1）请您右手持卡，有序刷卡。 2）带小孩的乘客请让小孩先行(走在前面)。 3）车票回收，请您投票出站。 4）请您刷卡（投票），快速进/出站	1）谁知道你怎么刷的啊？ 2）到这边刷！你出来！ 3）快进去！

3. 乘客广播用语规范

轨道交通客运服务中的广播起到提醒乘客注意安全、提供列车运行状况信息、引导乘客顺利进出站等功能，乘客广播用语规范如表 8.2 所示：

表 8.2　乘客广播用语规范

主题	广播词
安全	各位乘客，为确保您和他人的生命安全，请不要携带气球、易燃、易爆、有毒物品进站乘车。有问题请与工作人员联系
扶梯	各位乘客，乘坐扶梯时，请靠右站稳，左边让有需要的乘客通行，请勿在扶梯上奔跑打闹。多谢合作
环境	各位乘客，请不要在车站内吸烟，不要乱吐乱扔，谢谢合作
宣传	各位家长，地铁车站是公共场所，来往的人很多，请您照顾好自己的小孩，不要在站内奔跑嬉戏，不要在扶梯上长时间逗留，以免发生危险

续表

主题	广播词
险情	各位乘客，因车站发生险情，可能危及您的人身安全，请听从工作人员的指引，尽快离开车站
出站	出站的乘客，请等前面的乘客出闸后，将车票投入闸机回收口出闸，单程票回收。持储值票的乘客请保管好自己的车票。如车票有问题，请及时到售票问讯处咨询，多谢合作
引导	各位乘客，车站站厅层两端均设有多台自动售票机，为了节省您的时间，请到乘客较少的自动售票机和售票问讯处购票，多谢合作
首班车	各位乘客，早上好，往×××方向的首班车即将开出，请抓紧时间上车
尾班车	各位乘客，往×××方向的尾班车即将开出，请抓紧时间上车
终止提醒	各位乘客，往××方向的列车服务已经终止，请乘客停止购票进站。往××方向的列车服务正常进行。 各位乘客，往××方向的列车服务已经终止，请乘客停止购票进站。往××方向的列车服务正常进行
关站提醒	各位乘客，今天的列车服务已经终止，车站即将关闭，请尽快出站。欢迎再次光临。 各位乘客，由于本站有特殊任务，需要暂时关站，请您尽快出站，谢谢合作
自身安全	各位乘客，请小心保管自己的财物和手机，提防小偷，免受损失
越过车站	站台候车的乘客，本次列车为通过列车不上客，请耐心等候下一班车，多谢合作
车站拥挤	各位乘客，由于车站比较拥挤，请出站的乘客尽快出站，不要在站内逗留，多谢合作
下雨防滑	各位乘客，由于下雨，楼梯和地面比较湿滑，请乘客们注意安全，以免滑倒
通道宣传	为了保持良好的环境，请不要在车站通道、出入口、站厅、站台逗留、躺卧，请保持地铁车站通道和出入口的畅通
禁止提醒	各位乘客，地铁车站内禁止私自贩卖、派发传单，谢谢合作
屏蔽门	各位乘客，由于屏蔽门故障，请在指定区域内候车，以免发生意外。有问题请与工作人员联系
故障清客	各位乘客，由于列车故障，有急事的乘客，请改乘地面交通工具
换乘	前往×××沿途各站的乘客，请按照车站指引到第三层站台候车
晚点	各位乘客，往×××方向的列车因故延误，不便之处，敬请原谅

4. 特殊环节服务用语规范

特殊环节包括闸机故障、票卡问题、自助机具故障、乘客伤害、乘客特殊需求、购票环节、突发状况等，在这些特殊情况下，客运服务人员使用服务语言应注重以下规范（见表 8.3）：

表 8.3　特殊环节的用语规范

特殊情况		规范语言示例	忌语示例
闸机故障	已刷卡，但闸机扇门未开启	1）请您别着急，我帮您查一下。 2）您的 IC 卡未刷成功，请再刷一次。请您从其他闸机进（出）站	你再刷一次试试。
	乘客刷卡时机器发出异常提示		你进站（上次出站）时刷没刷卡啊？！
票卡问题	乘客持票不能正常进/出站	请您别着急，我帮您查一下	不进行票卡分析，直接处理。
	乘客遗失单程票	1）别着急，您再仔细找找车票。 2）您的车票遗失，请您依据相关规定补票出站	你一定是逃票了！
自助机具故障	机器未出票或错误找零	1）请您别着急，我们马上帮您处理。 2）我跟您去看一下机器的情况。 3）对不起，设备出现故障，请您谅解	1）是按规定使用机器的吗？！ 2）机器都被你弄坏了！
乘客伤害	乘客被车门、闸机夹伤	1）请问您哪里不舒服？ 2）请随我到休息室休息。 3）请让我帮您处理伤口	1）门都开了，快点儿过啊。 2）谁让你抢上抢下的。 3）车门/屏蔽门要关了，你还非要上！
乘客特殊需求	乘客建议、投诉	1）谢谢您的意见，我会尽快向有关部门反映，以便研究改善方案。 2）地铁服务热线电话是：××××××。 3）您也可以在官网上提出建议	1）我没有工号。 2）我们没有投诉电话。 3）爱投诉你就投诉去吧
	多人集体乘车	1）请问您总共需要多少张票？ 2）目前乘客较多，请您告知同行人员下车地点，分散车门上车，乘车时请注意安全。 3）请您分散乘车	人这么多，别现在坐车了
	乘客物品掉下站台	1）目前条件不允许，我们在运营时间结束后，帮您拾取。 2）请留下您的姓名、有效联系方式。物品拾取后，我们会与您取得联系	现在捡不了
	乘客寻人、找物	1）请您别着急，我们会马上帮您广播寻人。请您也随时打电话联系××。 2）请您别着急，我们会联系相关车站，帮您寻物。 3）广播用语：乘客×××，您的朋友/家人正在×××处等您。请您与车站工作人员联系	我在给你找呢！

续表

<table>
<tr><th colspan="2">特殊情况</th><th>规范语言示例</th><th>忌语示例</th></tr>
<tr><td rowspan="4">购票环节</td><td>多名乘客同时购票</td><td>1）请您按顺序排队购票。
2）请您别着急，我会加紧办理</td><td>不排队我就不卖票</td></tr>
<tr><td>乘客插队</td><td>请您排队，我们会尽快为您服务</td><td>别插队！</td></tr>
<tr><td>售票员交接班</td><td>1）对不起，我们正在办理业务，请稍等。
2）此窗口将暂停售票，请后面的乘客到旁边窗口购票</td><td>到旁边买去吧，这里不卖票了</td></tr>
<tr><td>退票业务</td><td>1）请您别着急，我马上给您办理。
2）请大家排好队，我依次为大家办理</td><td>我们不办理退票业务</td></tr>
<tr><td rowspan="3">突发情况</td><td>未接到行车调度发生突发事件</td><td>1）站台无车时：
● 各位乘客，开往××方向暂时无车，请耐心等候，有急事的乘客请改乘其他交通工具。
2）站台有车时：
● 各位乘客，开往××方向的列车暂时无法运行，请耐心等候，有急事的乘客请改乘其他交通工具</td><td rowspan="3">1）可能设备出现故障了。
2）好像××站出事了</td></tr>
<tr><td>接到行车调度发生突发事件</td><td>1）站台有车时：
● 各位乘客，因××原因（以行车调度通知为准），开往××方向的列车无法运行，有急事的乘客请改乘其他交通工具。
2）站台无车时：
● 各位乘客，因××原因（以调度通知为准），开往××方向暂时无车，有急事的乘客请改乘其他交通工具</td></tr>
<tr><td>车站紧急封站</td><td>车站遇特殊情况，有急事的乘客请改乘其他交通工具。</td></tr>
<tr><td rowspan="4">其他情况</td><td>保洁人员清扫卫生间</td><td>1）请小心脚下，避免滑倒。
2）对不起，正在清扫，请稍等</td><td>自己冲厕所</td></tr>
<tr><td>在车站维修设备设施</td><td>1）对不起，请绕行，我们正在维修设备。
2）对不起，我们正在维修，请使用其他设备</td><td>靠边点，我们干活呢</td></tr>
<tr><td>乘客不理解地铁规定</td><td>1）为了您的安全，请您配合我们的工作。
2）请您理解，谢谢您的配合</td><td>1）是你先错的。
2）就得按制度执行，我们也没办法</td></tr>
<tr><td>与乘客产生误会</td><td>请您别着急，我跟您慢慢解释</td><td>不想跟你解释</td></tr>
</table>

【课堂练习 8.2】

乘客服务用语训练

训练方法：以小组为单位，自行设计乘客服务场景，并合理利用乘客服务用语，设计完成后于课堂前进行展示。

成员角色：包括乘客、工作人员、场景介绍人等

训练时间：服务场景展示的时间不少于 2 分钟。

训练要求：必须用到三种规范用语，其中乘客常规服务用语、乘客广播用语、特殊环节服务用语每一类至少包含一项。展示时尽量面对大家，用语清晰规范，可自行制作少量相关道具。

训练评价：按照展示过程中的服务用语是否规范合理进行评价。

---

5. 乘客沟通的非语言技巧

客运服务人员除了要掌握听与说的技巧外，还要明确与听和说相辅相成的肢体语言和面部表情。

（1）肢体语言。

肢体语言又称“身体语言”，是指经由身体的各种动作，从而代替语言借以达到表情达意的沟通目的。人的肢体语言也是人的思想和文化修养的外在体现，也反映了对他人的态度，因此手势、走姿、站相等都不容忽视。

即使客运服务人员的听、说技巧再高，但假如你使用了一些不合适的肢体语言，如双手交叉抱于胸前（这是防卫与拒绝的肢体语言），那即使服务语调温和、语言动听，乘客看见的还是拒绝，无法让沟通顺畅进行。常见的肢体语言如下：

眯着眼——不同意、厌恶、发怒、不欣赏、蔑视、鄙夷

来回走动——发脾气、受挫、不安

扭绞双手——紧张、不安、害怕

向前倾——注意或感兴趣

抬头挺胸——自信、果断

坐在椅子边上——不安、厌烦、提高警惕

坐立不安——不安、厌烦、紧张、提高警惕

正视对方——友善、诚恳、外向、有安全感、自信、笃定、期待

避免目光接触——冷漠、逃避、漠视、没有安全感、消极、恐惧、紧张

点头——同意或者表示明白了、听懂了

摇头——不同意、震惊或不相信

晃动拳头——愤怒或有攻击性

鼓掌——赞成、高兴、兴奋

打呵欠——厌烦、无聊

手指交叉——好运

轻拍肩背——鼓励、恭喜、安慰

搔头——困惑、急躁

咬嘴唇——紧张、害怕、焦虑、忍耐

抖脚——紧张、困惑、忐忑

抱臂——漠视、不欣赏、旁观者心态

眉毛上扬——不相信、惊讶、蔑视、意外

（2）面部表情。

面部表情是人们思想感情的流露，有时能起到言语起不到的作用。在面部表情中，微笑给人以亲切真诚的感觉。服务人员应该常常保持微笑。微笑是信赖之本，是美的象征，是礼貌的表示。真诚的微笑配以文明的服务用语，无声的语言和有声的语言相得益彰，才能打动乘客。同时，服务人员也要善于观察乘客的面部表情，从而洞察乘客的情绪或需要，更好地提供服务。

如果想微笑面对乘客，那么不仅要注意自己的嘴角，同时还要关注眼神，这样，你不仅能让乘客感受到你真心的笑容，你自己也会感受到自己诚恳的态度。此外，与乘客讲话时，应保持与乘客目光接触，亲切的视线交流可以使双方精神放松，不应左顾右盼，这会让乘客感觉你心不在焉。应把你的目光放在对方额上的三角区（以双眼为底线，上顶点在前额位置）。即使不说话，对方也能感觉到你的自信及对自己的尊重，同时向乘客传达了“我在认真倾听”“我感兴趣”“我正关注着”等信息。不敢与乘客目光接触是缺乏自信或注意力分散的表现。

（3）其他非语言技巧。

衣着服饰。人的服饰妆容可以反映一个人的身份地位。由于轨道交通客运服务工作具有特殊性，对服务人员的着装具有严格的统一要求，除了整洁外，还应注重与其搭配的发色、发式、妆容、装饰物等。

空间距离。人与人之间存在一条看不见的界限，在这条界线内，人会产生安全感、舒适感和自由感。了解人际交往的空间距离，有助于更好地沟通。

副语言。语音、语调、语气等伴随语言的线索称为“副语言”。副语言有一定的意义，可以成为人们理解言语表达内容的线索。同一句话加上不同的副言语，就可能有不同的含义，副语言的特定意义依赖于交谈情境以及个人的习惯和特性。

【课堂练习 8.3】

你说我猜

你说我猜是一个考验沟通能力的小游戏，指导老师下载你说我猜的题目，让同学们一起参与这个小游戏。

图 8.3　你说我猜

游戏规则：

（1）每两人一组，一个人背对屏幕，一个人面对屏幕。

（2）可以语言提示，但不能说出词语中的字和同音/谐音，可以动作或声音提示，其他人不得提示。

（3）答题时，每组最多过滤掉两个词条。

（4）每组限时 120 秒。

游戏完成后，讨论以下内容：

（1）哪一组同学的沟通能力更好？

（2）在这个游戏中，考验了哪些沟通方面的能力？

（3）换一种方法，如果不得让猜的人进行反馈，还能猜准吗？

第 9 章　乘客的投诉心理与处理

【知识目标】

◇ 理解乘客投诉的概念及意义

◇ 掌握投诉的分类

◇ 了解乘客投诉的心理分析及表达方式

◇ 了解乘客投诉的处理原则和心理准备

◇ 了解乘客投诉案例

【能力目标】

◇ 能透过乘客的投诉分析其心理活动及产生原因

◇ 能对乘客投诉进行有效处理

【关键概念】

◇ 乘客投诉、投诉心理、投诉处理

【知识框架】

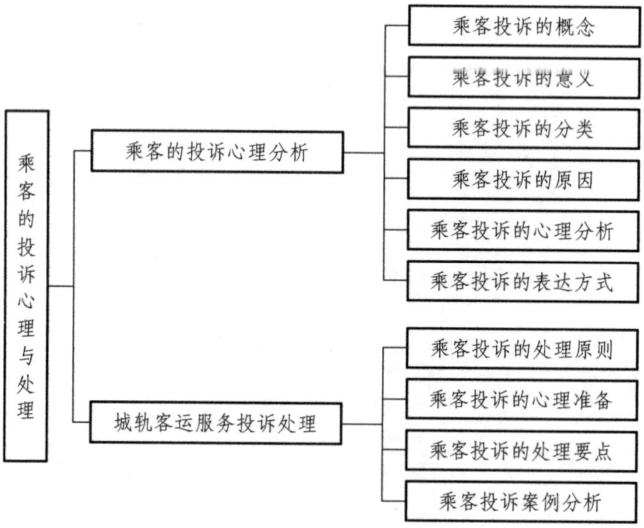

第 9.1　第 9 章知识框架图

一、乘客的投诉心理分析

1. 乘客投诉的概念

图 9.2　投诉

乘客投诉（Passenger Complaints）是指当乘客对出行本身和交通企业所提供的服务质量、服务设施、服务环境等无法满足自身需求，对此产生抱怨和不满而提出的诉愿。

乘客一般通过信函、电话、传真、来访等形式反映服务质量。

乘客投诉之前就已经产生了对城市轨道交通潜在化的抱怨，潜在化的抱怨随着时间推移变成显在化的抱怨，投诉就是显在化的抱怨的一种表现形式。

2. 乘客投诉的意义

对城市轨道交通服务者来说，投诉的处理是一项非常具有挑战性的工作。如何有效地处理乘客投诉也是一个亟待解决的问题。有效地处理投诉对轨道交通企业有如下意义：

（1）有利于改进服务人员的服务，提高服务水平。通过乘客的投诉，服务人员可以发现自身存在的问题，如果能及时针对这些问题认真地进行整改，必然会使服务质量不断提高。

（2）提供了与乘客修补关系、缓和矛盾的契机，从而有利于开拓市场，获得客户。

（3）有效地维护轨道交通企业的形象，有效处理投诉可以将投诉所带来的不良影响降至最低，从而有效地维护轨道交通企业的自身形象。

（4）挽回轨道交通企业的形象。有一些乘客投诉，实际上并不是抱怨，而只是讲述他对服务的一种期望，或者是他真正需要的服务类型。这样的投诉能给轨道交通企业提供一个发展的参考意见，如果能很好地处理这类投诉，那么就能赢得这类乘客的心。

3. 乘客投诉的分类

乘客投诉按照不同的分类方式有不同的种类。

（1）按投诉的表达方式分类。

乘客感到不满意后的反应一般有两种：一种是说出来，另一种就是不说出来。据一项调查表明：在所有不满意的乘客中，有 69%的乘客从不提出投诉，有 26%的乘客向身边的服务人员口头抱怨过，而只有 5% 的乘客会向管理部门（如客服中心）正式投诉。其中，正式投诉根据乘客表达方式的不同可以分为以下三种（见图 9.3）：

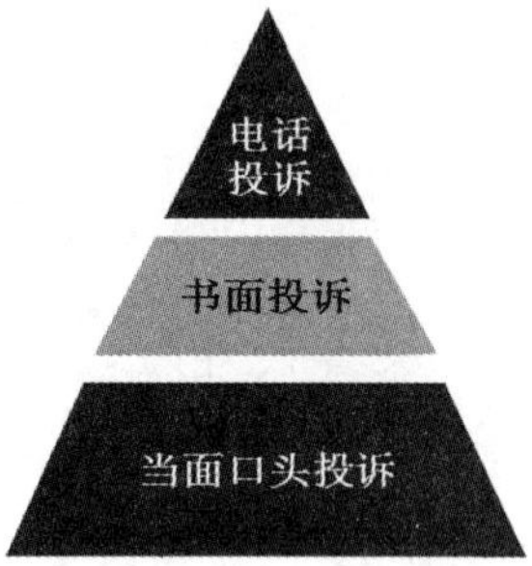

图 9.3　按投诉表达方式分类

① 当面口头投诉（包括向公司的任何一名职员）。

② 书面投诉。书面投诉的形式包括意见箱、邮局信件、网上电子邮件等。

③ 电话投诉。电话投诉的形式包括热线电话、投诉电话等。

（2）按投诉的内容分类。

按投诉的内容不同，乘客投诉主要可以分为以下几类：

① 规范服务方面的投诉。规范服务方面的投诉是指由于地铁车站员工违反服务标准，服务过程中态度不佳、使用忌语，未按规定操作服务设施而引起乘客不满等造成的投诉。

② 列车运行方面的投诉。列车运行方面的投诉是指因车辆、设备设施故障或其他突发事件造成列车晚点等不能正常运行的情况，影响服务质量或相应善后处理欠缺造成乘客不满的投诉；由于列车司机在列车运行过程中，违反工作标准和操作指引，造成工作失误而引起乘客不满等造成的投诉。

③ 乘车环境方面的投诉。乘车环境方面的投诉是指车站管辖范围、车厢卫生状况及车站、车辆设备设施缺陷或故障，带给乘客不便而造成的投诉。

④ 票款差错方面的投诉。票款差错方面的投诉是指因地铁员工工作失误、违反设备操作指引和规定，造成票款差错而给乘客带来经济损失的投诉。

除以上四种投诉外，乘客投诉还包括站内广告、商业网点产品质量、乘客伤亡等方面的投诉。

【拓展阅读 9.1】

深圳地铁 4 号线乘客投诉

2011 年 6 月，深圳几条新开通的地铁线相继投入试运营，给市民出行带来了极大的便利。但是，运行过程中也不断发生事故和问题，尤其是地铁 4 号线，被市民投诉最多。

刘小姐家住龙华区，平时她都是搭乘 4 号线到市区上班，今天早上 7 点多一点，她和往常一样来到了 4 号线的龙胜站，却发现进站口排起了长队，大批的乘客在等待进站。

刘小姐说，之前她乘车都是直接进到站厅再排队，但是没想到今天到了进站口就已经排起了长龙，原因是车站实行了客流管理，对进站旅客实行分批放行。刘小姐说，今天是第一次遇到这么排队的。以前是里面拥挤，现在搞得所有人都挤在了外面。

等候了半个多小时，刘小姐才进到了站厅，由于是早高峰，整个站厅被乘客挤得水泄不通，虽然有车站工作人员、保安在维持秩序，但是乘客急着上班，场面一度失控。

刘小姐说，一放行很多人就往上冲，安检都不过。还有人直接跳闸，自己也是还没来得及刷卡就被人推进去的。而没挤进去的乘客，也一直在站厅抱怨，为什么不和之前一样，多放些人上站台候车，导致进站候车的时间比之前要长。

乘客怨声载道，大家质疑此前港铁深圳公司方面是否有所评估？为何要在龙胜站实行客流管理措施？

对于今天龙胜站出现的秩序混乱情况，接下来4号线将如何改善呢？

深圳市轨道办就此向市民道歉，并承诺尽快解决问题。深圳市政府副秘书长、市轨道办主任赵鹏林表示，由港铁公司运营的地铁4号线，最近出现的问题主要有：屏蔽门关闭失灵、大面积误点、报错站，以及在早晚高峰期运能严重不足等。

在运行过程中，屏蔽门为什么有时会多次无法关闭？赵主任表示，这个系统是按照香港标准设置的，初衷是出于人性化考虑，但由于过于灵敏，反而造成负面效果。

赵主任表示，港铁公司和造车厂对这个问题很重视，已派遣技术人员进行调试，这几天将有明显好转。至于车的整体质量，是没有问题的，市民不必担心安全问题。而对于早晚高峰期，4号线运能严重不足，站内乘客挤不上去，车上乘客挤下不来的问题，赵主任表示，现在新的列车还在制造当中，到年底交货后就会大为改观，接近现在其他4条线的发车频率。

扫码观看视频资源

想想以上投诉案例是属于哪一方面的投诉？

——引自《深圳地铁》，有改动

（3）按投诉的性质分类。

按乘客投诉性质，可将乘客投诉分为有责投诉和无责投诉。

① 有责投诉是指因工作人员工作失误、违规操作和设备设施保障不力等引起的投诉。有责乘客投诉按事件的性质及产生后果的轻重分为一类有责乘客投诉、二类有责乘客投诉和三类有责乘客投诉。

② 无责投诉包括两种情况：一种是由于自然灾害等不可抗力因素导致服务失误

而引起的投诉；另一种是由于乘客自身原因引起的投诉。对于前者，轨道企业应该加大应急事件的处理能力；对于后者，轨道企业应该加强对乘客的宣传教育。

4. 乘客投诉的原因

（1）乘客投诉产生的过程。

一般来说，在投诉之前乘客就已经产生了潜在化的抱怨，即对列车运行或者服务存在一定的不满。潜在化的抱怨随着时间的推移就变成显在化的抱怨，而显在化的抱怨作为投诉的一种形式，很有可能转化为正式投诉。乘客投诉产生的具体过程如图 9.4 所示。

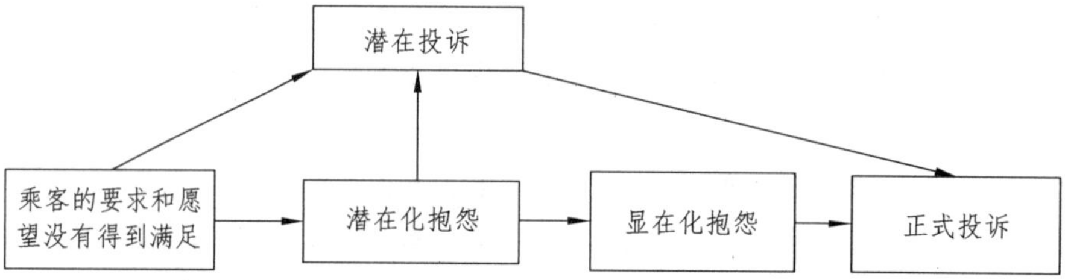

图 9.4　乘客产生投诉的过程

（2）乘客投诉的原因。

乘客自身的原因：

① 乘客对服务的期望值过高，服务人员无法满足顾客的要求。

② 乘客不了解或不知道企业规定。

③ 乘客强词夺理。

轨道企业服务的原因：

① 设备设施出现故障影响乘客出行。

② 服务人员不规范作业，业务能力不过关。

③ 服务人员的工作效率太低。

④ 服务人员的说话态度或服务态度不好。

⑤ 服务人员不作为。

⑥ 乘客利益遭受损失。

5. 乘客投诉的心理分析

乘客只有在对服务不满的情况下才会进行投诉。而对乘客来说，既然选择了投诉，就一定会有一个心理预期并希望得到满意的答复。工作人员只有弄清了乘客投诉的心理期望，才能有针对性地处理投诉。一般来说，乘客投诉的心理期望主要有以下几种：

（1）希望问题能被认真对待。

有时乘客进行投诉或建议，并不是要求企业一定能够彻底改变这种现象，只是想表达对此状态的看法与观点，给企业以警示。对于这种期望的乘客，工作人员一定要积极对待，耐心地听完乘客的批评与建议，抱着“有则改之，无则加勉”的正确态度，适当地对乘客表示感谢。

（2）希望得到当事人的道歉和尊重。

乘客投诉有很大一部分是对工作人员服务态度不满，在这种情况下，工作人员要耐心倾听，即使是乘客有错，也不要想着去理论，避免其产生新的不满或进一步加深矛盾。因为乘客既然选择了投诉，就不会觉得是自己的责任。

（3）希望得到赔偿或补偿。

乘客认为自己花费了钱财和时间，就应该获得相应的优质服务。一旦他们在经济上或精神上受到了一定的损失，肯定希望得到补偿，继而向有关部门投诉，这是正常的。对于是由工作人员的责任而造成乘客损失的，当然要协商赔偿办法；对于不是由工作人员的责任而造成的乘客损失，也不能一味迁就，要耐心地向乘客解释清楚。

（4）希望得到宣泄。

当乘客受到挫折后，有的人采取减轻挫折和满足需要的积极进取的态度，有的人采取消极对抗的态度、会采取一系列的行动来发泄不满。发泄不满最重要的一个渠道就是投诉。乘客投诉总是觉得自己理由充足，投诉时往往情绪激动、满腔怒火，他们会利用投诉的机会将自己的烦恼、怒气和怨气发泄出来，将直接被触发的或意识深层的挫折感和郁闷的情绪一扫而过，使其不平静的心情逐渐平静下来。

（5）希望相关人员得到惩罚或惩戒。

有时乘客因对某位工作人员的服务不满而选择投诉，并希望该工作人员得到惩罚。此时，工作人员需要向乘客保证企业一定会采取正确的行动，避免将来再发生类似的问题。

（6）希望轨道交通企业发展得更好。

并不是所有的乘客都是为了满足个人的需求才投诉的，有些乘客投诉是出于对轨道交通企业的关心，他们希望通过投诉引起有关部门的重视，这样既有利于乘客，也有利于公司的发展。例如，乘客发现企业的广告宣传词中有病句或者错别字；发现企业的服务设施不完善，无法满足乘客的需要并希望提出自己的改进建议；发现服务人员服务态度不好等，这些因素都可能会导致乘客投诉，其目的是期望企业的管理者不要忽视这一些“不重要的小问题”，因为这些问题会影响企业的形象和声誉。

6. 乘客投诉的表达方式

（1）理智型乘客。

这类乘客在投诉时情绪比较平稳，他们力图以理智、大度、平和的语气和准确清晰的表达向受理投诉者陈述事件的经过及自己的看法和要求，善于讲道理。这类人的个性处于成人自我状态。

（2）火爆型乘客。

这类乘客很难抑制自己的情绪，往往在产生不满的那一刻就高声呼喊，言谈不加修饰，一吐为快，不留余地。动作有力迅捷，对支支吾吾、拖拉应付的工作作风深恶痛绝，希望能干脆利落地彻底解决问题。

（3）失望痛心型乘客。

情绪起伏较大，时而愤怒、时而遗憾、时而厉声质询、时而摇头叹息。这类乘客投诉的内容多是自以为无法忍耐的，或是希望通过投诉能达到某种程度的补偿。

二、城轨客运服务投诉处理

1. 乘客投诉的处理原则

（1）乘客至上的原则。

在面对乘客投诉时，客运服务人员首先要站在乘客的立场上考虑问题："一定是我们的工作没有做好，给乘客带来了不便。"同时还要相信，乘客的投诉总是有他的理由。这一理解非常重要，只有这样，客运服务人员才能用平和的心态处理乘客的投诉行为并予以肯定和感谢。

（2）不推脱责任的原则。

客运服务人员在执行不推脱责任的原则时应注意以下几点：

① 乘客投诉的处理工作也能及时、客观、公平、公开、坚持以自我分析为主。在接到乘客投诉后，城市轨道交通企业的相关部门应通力合作，迅速做出反应，力争在最短时间内解决问题，给乘客满意的答复。切不可拖延或推卸责任，造成事态恶化，产生不良社会影响。

② 乘客投诉的处理工作必须遵循国家法律、法规、标准、制度、办法及行业规定。

③ 乘客投诉的处理工作必须保护和承认乘客的投诉权利、获得赔偿的权利、监督服务效果的权利。

④ 乘客投诉的处理工作要坚持"四不放过"原则，即投诉原因分析不清不放过、责任人没有受到严肃处理不放过、广大员工没有受到教育不放过、防范整改措施没有落实不放过。

⑤ 乘客投诉的处理工作不得违背企业的社会公开承诺，不得有损企业形象，要

有利于提高乘客满意度，防止乘客投诉事件的发生。

（3）先安抚、后处理的原则。

在接待乘客时，应先安抚乘客的情绪，让乘客感到接待者的真诚，再处理投诉的内容，具体内容如下：

① 接待乘客应态度真诚。为了了解乘客所提出的问题，必须认真地听取乘客的叙述，使乘客感到接待者十分重视他的问题。为了使乘客消气息怒，接待者可以用自己的语言叙述投诉或抱怨的内容，采取同理心倾听的方法。若遇到非常认真的乘客，接待者在听取乘客意见时还应做一些记录，以表示对乘客的尊重及对反映问题的重视。

② 对乘客表示歉意和同情。首先，接待者要让乘客了解自己非常关心他的情况以及其提出的问题。如果乘客在谈问题时十分认真，接待者应不时地表示对乘客的同情，如“我们非常抱歉，我们将对此事负责，感谢您对我们提出的宝贵意见。”

③ 根据乘客要求采取措施。接待者要完全理解和明白乘客投诉的原因，同时，当决定采取纠错行动时，接待者一定要让乘客知道已经采纳了他的意见，并告知乘客企业打算采取的处理决定及具体措施，以表达纠错的诚意。

④ 感激乘客的批评指教。接待者应感谢那些对城市轨道交通服务水平或服务水准提出批评、建议和指导意见的乘客，因为这些批评、建议和指导性意见有利于企业提高管理水平和改善服务质量。

⑤ 快速采取行动，补偿乘客投诉损失。当乘客完全同意接待者所采取的改进措施时，要立即予以实施，不要拖延时间。耽误时间只能进一步引起乘客的不满，此时此刻，高效率就是对乘客的最大尊重，否则就是对乘客的漠视。

（4）包容乘客的原则。

包容乘客就是指站务人员对乘客的一些错误行为表示理解并包容。包容乘客的核心是善意的理解。当发现乘客的某些行为违反规定时，站务人员只需提醒乘客。站务人员要懂得体谅乘客，避免让乘客难堪。虽然乘客的投诉并不都是对的，但那种得理不让人的解决方法，必将造成双方的关系紧张而不利于问题的解决。如果站务人员能够包容乘客，那么就可能避免冲突。

2. 乘客投诉的心理准备

客运服务人员要正确认识乘客投诉，只要是服务行业，就无法避免消费者的抱怨和投诉，即使是最优秀的服务行业，也不可能保证永远不发生失误或引起投诉。作为城市轨道交通的客运服务部门，在服务过程中有乘客投诉是很正常的，不能一味地恐惧投诉、厌恶投诉，而是应该对投诉有一个清醒的认识，这样才能更好地处理投诉，更有效地改进服务工作并提高服务质量。

乘客投诉是监督和提升服务行业水平的重要手段，是城市轨道交通企业提高运营服务质量、改进运营服务工作水平、树立轨道交通品牌的重要环节。为了不断地改进营运服务工作，提高运营服务质量，切实维护轨道交通企业的声誉，服务部门必须加强对投诉工作的管理。

作为直接面对乘客的服务人员，应当以积极和欣赏的态度重视投诉、欢迎投诉。

（1）重视投诉。

乘客的投诉大多是刺耳尖锐的、直接的、不留余地的。许多服务人员把投诉当成一个“烫手山芋”，希望最好不要发生。可是对于一家企业来说，没有投诉未必是件好事情。因为投诉往往暴露了服务中的薄弱环节。

（2）欢迎投诉。

乘客的投诉实际上是给企业机会回顾和检查乘客服务不到位的地方。在处理投诉的过程中，服务人员可以向乘客解释企业的规定和标准，从而使乘客和企业之间能够更好地理解和沟通。因此，作为服务人员，既不需要对投诉感到尴尬，也不需要有畏惧和抵触的心理。

3. 乘客投诉的处理要点

（1）用心倾听。

抱怨的乘客需要有忠实的听众，工作人员喋喋不休的解释只会让乘客感觉在推卸责任，从而使乘客的心情更差。面对乘客的投诉，工作人员需要掌握倾听的技巧，从倾听中掌握事情发生的细节，找出乘客投诉的真正原因及其所期望的结果。倾听是一种情感活动，是要真正理解对方所说的意思。

用心倾听的具体做法如下：

① 当乘客到车站投诉时，工作人员应先请乘客坐下并及时给乘客倒水，表示对乘客的尊重。

② 在乘客叙述的过程中，工作人员要用心倾听，让乘客发泄情绪。在倾听过程中，工作人员可以插入“我理解”“我明白”这样的话来表示对乘客的重视与理解。

③ 不要轻易打断。如果有不明白的地方，工作人员要等乘客说完后，以婉转的方式请乘客提供情况，如“对不起，是不是可以再向您请教……”。

④ 适当安抚乘客情绪，如“请您别着急”“您先消消气”等。

倾听的目的是让乘客把想说的话都说出来，让乘客一吐为快，这样才有协商的余地，其实有些乘客只要能将不满倾诉出来就能解决全部问题，如果由于某些工作人员态度不佳而引发乘客对工作人员的不满，是得不偿失的。

（2）了解乘客的心理期望。

乘客只有在对服务不满的情况下才会进行投诉。而对乘客来说，既然选择了投诉，就一定会有一个心理预期并希望得到满意的答复。工作人员只有弄清了乘客投诉的心理期望，才能有针对性地处理投诉。

（3）真诚道歉。

当乘客抱怨或投诉时，无论是否是工作人员的原因，都要诚心地向乘客道歉，并对乘客提出的问题表示感谢。尤其是在工作确实有过失的情况下，更应该马上道歉，如“对不起，给您添麻烦了。”这样可以让乘客感到自己受到了重视。

真诚道歉要做到以下两点：

① 适当地表示歉意，让乘客了解工作人员非常关心他的情况，“我们非常抱歉听到此事”。

② 道歉要诚恳，如“对不起，耽误您的时间了。”

（4）协商解决。

在听完乘客投诉之后，工作人员首先要清楚乘客投诉和抱怨的原因，了解乘客的想法，切忌在没有了解乘客想法之前就自作主张地直接提出解决方案。在协商解决时，不要推卸责任，不要指责或敷衍乘客，切不可与乘客发生冲突。

在明白乘客的想法后，工作人员要十分有礼貌地告知乘客将要采取的措施，并尽可能让乘客同意。如果乘客不知道或者是不同意这一处理决定，工作人员就不要盲目地采取行动。

在协商解决的过程中，工作人员不要推卸责任、极力辩解、指责乘客，而要做到以下几点：

① 平复乘客的不满情绪，如“我很能理解您的想法”。

② 主动提出建议和解决方法。如果是因为票卡（款）等问题，工作人员可以根据乘客的意见和表现出来的意思，结合实际情况提出措施；如果是因为对服务人员的态度不满，工作人员要考虑让服务人员本人道歉或由值班站长代替道歉等办法，平息乘客的怒气。

③ 耐心地解释地铁方面的相关规定。

④ 提出解决方案时，工作人员应语调平和、态度诚恳，不要再次引发乘客的不满情绪，如“这样处理，您看行吗？”“我们这样办，您看合适吗？”

⑤ 在协商解决时，不要说“不”。如果工作人员用“我不能”“我不会”“我不应该”这样的话语，会让乘客感到工作人员不能帮助他。工作人员可以反过来这样说：“我们能为您做的是……”“我很愿意为您做……”“我能帮您做……”。这样，乘客的注意力就会集中在解决办法上。

（5）快速采取措施。

在乘客同意处理意见后，工作人员不但要说到做到，而且要马上做到，速度很关键。快速的采取措施就是对乘客最大的尊重。一方面，耽误时间有可能使乘客更加不满；另一方面，耽误时间还有可能使乘客改变主意，不同意先前已经协商好的解决措施。如果遇到被投诉的员工不在现场的情况，可以采用电话道歉、书面道歉等处理方式。

对于那些不能立即处理的投诉，工作人员应坦诚地告诉乘客正在办理，并应把处理过程中的相关情况及时向乘客反馈，让乘客了解他提出的问题正在解决。

（6）感谢乘客。

工作人员在感谢乘客时，可以说“谢谢您的配合”“非常感谢您的建议”，必要时可送乘客出站，让乘客感到自己受到重视，而不要怠慢乘客，自己先行离开，或让乘客自行离开。

4. 乘客投诉案例分析

（1）因服务人员失误引起的投诉。

某日，两位乘客从某地铁站持同一张票卡进站，当一名乘客持票卡进站以后，再由另一位乘客到起点站售票亭更新，当时起点站售票员没有问清乘客是多少人进站，并马上用 BOM（窗口制票机）进行了进站更新。当这两名乘客到终点站以后，其中一人无票出站被厅巡发现，厅巡指责乘客违章使用车票，令乘客不满。后来该乘客坚持不肯补票，称起点站可以允许其使用一张票两人进站。值班站长到达现场后，向其解释地铁方面的规章制度，乘客勉强愿意补全程车票，但对地铁告示、员工的指引表示不满意。

事件分析：

① 起点站售票员对于乘客进站更新车票，没有了解和确认原因，让乘客一票多人进站，是导致乘客出站补票产生不满的主要原因。

② 终点站厅巡语气使用不当，导致乘客产生反感。

③ 车站没有及时与起点站联系，做好沟通，避免再次出现此问题。

技巧点评：

① 员工在处理乘客车票时应加强工作责任心，特别是储值票乘客持车票无法进站时，应确认乘客是否一票多人进站，及时提醒乘客注意。

② 厅巡发现此情况时，应向乘客了解清楚原因，向乘客做好票务政策的解释。

③ 值班站长要及时到场，向乘客解释，并向乘客道歉，因员工的疏忽给乘客带来不便时，希望乘客能够谅解。

（2）因乘客不了解地铁规定而引起的投诉。

某日，在某车站，工作人员两次看见一名拾荒人员在地铁里拾荒，于是上前制止：“以后不允许在车站里拾荒。”由于拾荒人员对该工作人员的态度非常不满，因此便在车站内寻衅滋事，声称车站的工作人员砸了他的饭碗，然后就坐在站台边上……

事件分析：

乘客不了解地铁方面的相关规章制度，而工作人员又态度强硬地进行制止，并没有给乘客任何的解释，造成乘客不满。

技巧点评：

① 在该案例中，工作人员的工作方式确实存在失误。在处理时，工作人员需要向乘客道歉，检讨其不合适的处理方式；同时要向乘客耐心解释地铁方面的规章制度，避免再次发生纠纷。

② 在发现乘客有违规行为后，工作人员一定要耐心地向乘客解释相关规定，而不是一味地强硬制止。

（3）因客运服务人员态度不好引起的投诉。

某日，一名乘客在 TVM（自动售票机）上购票，想去往某地铁站，后因有其他事情决定不去了，所以就到票亭退票。售票员通知车控室有退票后就继续办理其他乘客的业务，没有再理会该名乘客，乘客以为售票员没有听见拍着玻璃说要退票，售票员见乘客拍玻璃，便不耐烦地说："不要拍玻璃，等一会就有人过来帮你办了。"说完继续办理其他业务。值班员到场后，为了不影响售票员办理其他业务，就开了票亭的另一个窗口对乘客说到这边办，乘客觉得售票员和值班员语言生硬、不耐烦、态度不好，就在退票后写了投诉信放在车站意见箱里。

事件分析：

① 员工在得到乘客需要退票的信息后，没有及时回应，只是向车控室汇报，引起乘客误会是导致此次投诉的主要原因。

② 在值班员到场处理前，售票员没有关注乘客的动态，导致乘客产生情绪拍打玻璃，售票员不但没有安抚乘客，反而不耐烦地回应乘客，这是引起投诉的次要原因。

③ 售票员对乘客言语生硬，服务欠热情主动，没有使用文明用语，而且在乘客表现不耐烦的情绪，即做出拍玻璃这种动作时，没有发现这是乘客已经表示不满的信号，没有及时做出补救措施，通知值班站长到场处理。

④ 客运值班员到票厅办理退票时，服务欠主动，没有使用文明用语，没有及时察觉到乘客的不满。

技巧点评：

① 员工应该重视乘客，在通知车控室后，应礼貌的请乘客稍等，将因为需要另一位员工配合才可以退票的规定告知乘客。

② 在值班员到场前，也要不断关注乘客的动态，发现乘客已经等候不耐烦或等

候时间较长时，应再次通知客运值班员尽快到场办理，并向乘客示意已经催促了，很快就到。

③ 如等候时间较长的，客运值班员到场后应向乘客道歉再继续为其办理退票业务，运用文明服务用语，可以有效减少投诉的发生。

（4）因服务人员的服务技巧不足引起的投诉。

某日，B 端票亭前有 8 位乘客排队充值，付费区有 4 位乘客出不了站，售票员正常为付费区的乘客补票更新，正准备为非付费区的乘客充值时，有两位进不了站的外地乘客递进车票要求更新。这时，充值的乘客意见很大，其中排在第一位的乘客大声说："有没有搞错，我排了这么长时间还没有给我充值，你是怎么服务的？你的工号多少，我要投诉你！"售票员急忙对乘客解释："先生，不好意思，我们规定要先为出不了站的乘客服务，然后再为你们服务，我会马上为你服务的。"乘客不听解释，直接说："请你告诉我投诉电话号码。"售票员说"先生，请你稍等，我叫车站负责人过来为你解决，好吗？"这时客运值班员经过票亭，听了售票员描述情况后，对乘客说："先生，售票员没有做错，他是按照程序服务的。"乘客对这样的解释不满意，打电话向服务总台投诉。

事件分析：

① 售票员在为付费区内的乘客处理事务时，没有顾及非付费区的乘客，排队超过 8 个人以上，没有及时通知车控室安排，增加人员协助。

② 乘客对售票员的服务不满而提出投诉时，售票员没有采取措施，只是为自己的行为解释。

③ 客运值班员到现场后，只是听售票员的解释，还没等乘客讲述事情经过便急着向乘客解释售票员的行为是对的，没有接受乘客的建议和投诉。

④ 客运值班员漠视乘客的抱怨，没有从乘客的角度思考问题，没有耐心倾听是投诉的大忌。

⑤ 在乘客对处理结果不满意时，没有及时通知值班站长到现场解决。

技巧点评：

① 售票员向乘客解释的同时，应及时通知车控室加派人员到票亭协助付费区的乘客事务，请充值的乘客稍等，尽量取得乘客的理解。

② 客运值班员到场后，应该迅速帮助售票员处理付费区乘客的车票问题，再向有意见的乘客耐心解释，并虚心接受乘客提出的意见。

③ 客运值班员不能直接指出当事员工没有错，而应委婉地向乘客解释，给乘客一个台阶下。

【课堂练习 9.1】

乘客投诉情景模拟

以某一个乘客投诉案例为主题，让同学们进行情景模拟训练。

情景模拟规则：

（1）以小组为单位，每组 4～6 人。

（2）每个组员扮演情景中的一个角色，可以是乘客、客运服务人员等。

（3）情景模拟时，应尽量真实，可以制作一些简单的道具。

（4）情景模拟时，要体现乘客投诉的解决过程。

情景模拟后，讨论以下内容：

（1）哪一组同学表现得更好？

（2）通过情景模拟，谈一谈处理投诉时的心得。

（3）如何改进服务才能避免或减少乘客投诉？

素质篇：

做一名优秀的城轨客运服务人员

【篇章导航】

城市轨道交通客运服务人员是集技术性、专业性、服务性于一身的综合性职业。作为一名优秀的客运服务人员，不仅要注重自身的仪容仪表、举止言行，还应熟悉客运服务中的服务标准，掌握相应的乘客服务技巧，同时具有良好的心理素质。只有高素质的服务人员才能为乘客提供高质量的客运服务。

【篇章目标】

◆ 重视自我服务素质的提升
◆ 重视自我心理素质的提升

【篇章内容】

◆ 第 10 章　城轨客运服务人员的服务素质
◆ 第 11 章　城轨客运服务人员的心理素质

第 10 章　城轨客运服务人员的服务素质

【知识目标】

◇ 掌握职业道德的概念

◇ 掌握服务意识的概念

◇ 了解城轨客运服务人员的职业道德、服务意识

【能力目标】

◇ 能够把学习的城轨客运服务人员的职业道德运用到实践中

◇ 提升自身的服务意识与服务态度

◇ 掌握城轨客运服务的服务标准、服务技巧

【关键概念】

◇ 职业道德、服务意识、团体意识

【知识框架】

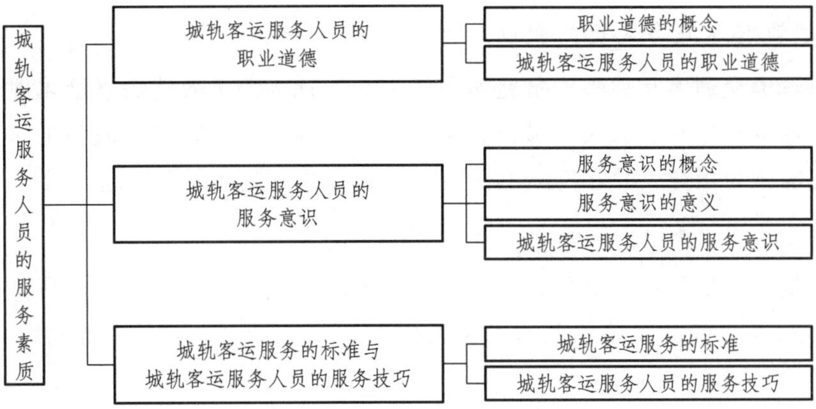

图 10.1　第 10 章知识框架图

一、城轨客运服务人员的职业道德

1. 职业道德的概念

职业道德（Professional Ethics）是指从事一定职业的人们在其履行职业职责的过程中应遵循的特定的职业思想、行为准则和规范职业道德，是与之相适应的道德观念、道德意识、道德活动的总和，是一般社会道德在特定的职业活动中的体现。

【发散思维】

除了本书中提到的“医德”外，想想还有哪些职业道德？

（1）________________________

（2）________________________

（3）________________________

每个职业都有属于自身的职业道德，比如医生，其担负着维护和促进人类健康的使命，关系到人的健康和生命。因此，医生在职业活动中，不仅要在医疗技术上逐渐达到精良，而且面对患者时还要有亲和力，态度和蔼，具有高度的责任感和高尚的道德情操，只有这样才能使自己成为德才兼备的医学人才，才能担负起“救死扶伤，治病救人”的光荣使命。

城市轨道交通客运服务人员是为广大乘客进行服务的，自然也要求具备相应的职业道德。

2. 城轨客运服务人员的职业道德

城市轨道交通客运服务人员是城市轨道交通社会服务效能的直接体现者，是城市轨道交通的基本工作人员。城市轨道交通客运服务人员在日常服务工作中应该以社会道德准则为指导，并在实际工作中遵循具体的行业准则和规范。

（1）团体意识。

坚持集体主义。员工必须以集体主义为根本原则，正确处理个人利益与他人利益、公司利益之间的关系。具有严格的组织纪律观念和团结协作精神，爱护公共财产。

（2）热爱本职工作。

热爱本职工作。热爱本职工作是一切职业道德中最基本的道德原则。城市轨道交通企业的员工应破除各种落后的旧观念，正确认识服务行业，明确自己工作的目的和意义，热爱本职工作，乐于为乘客服务，忠实履行自己的职责，并以满足乘客的需求为自己最大的快乐。

（3）遵守公司的规章制度。

严格遵守公司的规章制度，做到自洁自律，廉洁奉公。不利用掌握的权力和工作之便贪污受贿或谋取私利；不索要小费，不暗示、不接受乘客赠送物品；自觉抵制各种精神污染；不议论乘客和同事的私事；不带个人情绪上班。

（4）全心服务乘客。

全心全意为乘客服务，树立“乘客第一”观念。坚持使用文明用语，做到微笑服务，主动热情。重视乘客意见，快速处理。诚恳待客，知错就改。对待乘客一视同仁。

【拓展阅读 10.1】

广州 8 名地铁员工利用羊城通系统漏洞获利

“羊城通”是广州市公交车电子收费系统，是一种电子钱包，广州市民日常生活离不开羊城通卡。然而广州地铁公司 8 名值班员通过大肆搜罗百多张羊城通卡，反复非法充值 25 万余元，然后到各大超市疯狂消费并勾结他人销赃，甚至将非法充值的羊城通打折出售。

图 10.2　羊城通

2004 年 8 月 23 日，一羊城通用户持 7 张余额均在 400 元以上的羊城通卡到羊城通公司客户服务中心要求退卡。在办理退卡手续的过程中，工作人员发现该批票卡的余额都与后台数据不相符。经过查询和分析，羊城通公司更发现自 2004 年 2 月 1 日以来，先后有 100 多张羊城通卡在地铁市二宫等站发生异常充值，之后还在家乐福、好又多等地消费，且这批卡仍在使用中。羊城通公司感到事态严重，于 2004 年 9 月 23 日报案。

经过公安机关的全力侦查，事情终于真相大白：羊城通在地铁站票亭里充值成功后，数据要几秒钟的时间才能传到羊城通公司的数据库里。有人利用这个时间空当，强行断电或者中途抽卡，阻止数据上传到羊城通公司的数据库里，这样羊城通卡里充进了钱，但数据库里没有相应的记录。持卡人就可以拿这些凭空“变”出来的钱大肆消费了！

2004 年 10 月 26 日至 11 月 17 日，先后有 9 名涉及此案的犯罪嫌疑人被刑事拘留，其中有 8 名是广州地铁公司的值班员！

——引自《新快报》

课堂讨论：

想想此案例给轨道交通客运服务工作人员提供了什么启示？

（1）____

（2）____

（3）____

二、城轨客运服务人员的服务意识

1. 服务意识的概念

服务意识（Service Awareness）是指企业全体员工在与一切企业利益相关的人或企业的交往中所体现的为其提供热情、周到、主动的服务的欲望和意识。

服务意识是自觉主动做好服务工作的一种观念和愿望，发自服务人员的内心。服务意识的内涵主要包括三点：服务意识发自服务人员的内心；服务意识是服务人员的一种本能和习惯；服务意识可以通过培养、教育和训练形成。

【发散思维】

想一想，发生在身边的体现出“服务意识好”或“服务意识差”的例子有哪些？

（1）______________________

（2）______________________

（3）______________________

2. 服务意识的意义

具有服务意识的人，能够把自己利益的实现建立在服务别人的基础之上，能够把利己和利他行为有机协调起来，常常表现出“以别人为中心”的倾向。因为他们知道，只有首先以别人为中心，服务别人，才能体现自己存在的价值。

服务意识也是“以别人为中心”的意识。拥有服务意识的人，常常会站在别人的立场上，急别人之所急，想别人之所想；为了别人满意，不惜谦让、妥协甚至奉献、牺牲。

缺乏服务意识的人则会表现出“以自我为中心”和自私自利的价值倾向，把利己和利他对立起来。在这些人看来，要想满足自己的需要，只有从别人那里“偷来”“抢来”或者“骗来”，否则，别人不会主动为自己付出。这种人越多，社会就越不和谐。

服务意识是人类文明进步的产物。所谓文明，即人区别于一般动物的部分。所谓文化，即人的文明化或去动物化。人的文明化程度的高低，即人的社会化程度的高低。由此可见，人的文明程度或文化程度的高低，并非是指接受学校教育的年限和学历的高低。

【课堂练习 10.1】

心理测试——服务意识测试

服务意识体现在生活的一个个细节中，可通过以下测试了解自己的服务意识（见表10.1）：

表 10.1　服务意识测试量表

测试题目	非常不符合	比较不符合	拿不准	比较符合	非常符合	计分
1. 我总会主动与家人保持联系，关心家人的心情和健康						
2. 家里来了客人，我总会为客人倒水沏茶，与客人亲切交谈，让客人舒心						
3. 我会主动分担家务						
4. 我会主动帮助家人一起做饭、洗碗						
5. 我会记得家人的生日，并为他们祝福						
6. 我会主动关心朋友的近况和心情，朋友遇到困难总是尽力帮忙						
7. 和朋友一起吃饭，在点菜时，我总会顾及朋友们想吃什么						
8. 如果有朋友请我帮忙，而我却无能为力，我内心会感到愧疚						
9. 当班里有活动时，我愿意牺牲个人时间去参与和支持						
10. 如果有室友生病了，我会关心并耐心地照顾他						
11. 在工作中，我能做到礼貌待人，举止得体，注意服务形象						
12. 在工作中，我会帮助每一位顾客，让他们感到高兴与满意						
13. 在工作中，我总会察言观色，捕捉顾客的需求						
14. 在工作中，如果同伴在工作上遇到困境，我会为其着急						
15. 在工作中，我觉得服务好客户是我应尽的责任						
16. 大街上有陌生人问路时，我总是不厌其烦地解释						
17. 与他人见面时，我总会面带微笑，语气温和						
18. 在与他人交流时，我经常称赞和夸奖别人						
19. 如果能让别人感到高兴，我也会觉得很满足						
20. 在为他人提建议时，我能站在对方的角度考虑						
总　分						

计分规则：

每一道题目均按 1～5 分来计分，其中“非常不符合”计 1 分，“比较不符合”计 2 分，“拿不准”计 3 分，“比较符合”计 4 分，“非常符合”计 5 分，将 20 道题目的得分相加，就是总得分。

60 及以下：服务意识较差，应多向他人学习；

61～70 分：服务意识有待提高，需要注意生活中的细节；

71～80 分：服务意识还不错，但还有提升空间；

81～90 分：服务意识良好，比较注重别人的感受；

91 分及以上：服务意识出众，让别人觉得很贴心。

---

3. 城轨客运服务人员的服务意识

一个合格的轨道交通客运服务人员不仅要有过硬的服务能力，更应该具备良好的服务意识。在具体的服务工作中，不仅要做到“眼疾手快、脑勤嘴快、脚勤服务快”，还应该做到“心到、情到、神到”。用温暖和真情使乘客得到以人为本、活动自由、人格化、特殊化服务，强调对乘客的服务更多的“真心”“真诚”“真情”的流露，这就是轨道交通客运服务人员的服务意识的要求。

客运服务人员的服务意识的具体体现如下：

① 服务乘客时，应做到态度真诚、亲切自然、热情周到、认真负责，尊重乘客的民族风俗习惯。

② 与乘客目光接触时，应微笑示意。微笑时表情自然，不僵硬。

③ 尊重乘客，不得以任何方式和借口怠慢、顶撞、刁难、训斥乘客。不得以任何理由与乘客争吵。

④ 接受批评时，应冷静；致歉时，应诚恳；受到误解时，应悉心解释。

⑤ 乘客询问时，应用心聆听，对不确定的问题不乱作猜测，应耐心地询问予以确认，理解正确后回复。

⑥ 乘客违反有关地铁规定时，应耐心劝导、善意提醒、态度平和、得理让人。乘客无理取闹时，应顾全大局，冷静处理，不感情用事。

⑦ 当乘客陈述时，不得随意打断对方说话并表现出厌烦情绪和神色；如不得已需要打断乘客说话时，应等对方讲完一句话后，先说“对不起”，再进行说明。

⑧ 当无意碰撞或影响到乘客时，应立即表示歉意，取得对方谅解。

⑨ 当乘客要求提供服务时，应遵循首问负责制，给予乘客必要的指引、介绍或答疑等服务。

⑩ 当多名乘客同时寻求服务时，应分先后顺序，逐一认真处理。对于等候乘客，应及时安抚。

⑪ 遇到乘客态度不礼貌，如粗言秽语时，要保持冷静，用平和的态度应对。例如："请您遵守相关规定，配合我们的工作。"

⑫ 乘客提示售票机或其他设备故障，以及车站有污物时，应向乘客致谢："谢谢您，我们会尽快处理"，并采取相应行动。

【拓展阅读 10.2】

"何时倒水"体现服务意识

倒水是一件小事，但却能反映服务人员的服务意识和服务能力。

第一个服务阶段，也就是初始阶段。刚工作的年轻人，往往服务意识还不强，需要他人提醒，才意识到要去倒水。

第二个服务阶段，基本与第一阶段相伴而行。就是看到其他人起身倒水时，才意识到自己也应该这样做，于是拿起热水瓶与别人一起倒水。

第三个服务阶段，不需要任何人提醒，也不要别人先做，自己能够意识到隔段时间去服务。

第四个服务阶段，通过历次实践摸索，总结出了一些经验，初步优化了服务。比如，在倒完一次水之后，能够大致摸清第二次倒水的时间。例如夏天要倒得勤一些，冬天要略微减少频次；哪些人喝水快，哪些人喝水慢。

第五个服务阶段，能有意识地从工作实践中寻找一些规律，摸索一些办法，以更好地适应岗位服务需要。比如虽然看不清大家杯子里还有多少水，但是根据客人喝水时举杯的倾斜程度，可以推测出杯子里还有多少水，从而判断是否需要续水。

第六个服务阶段，从粗浅观察转入细致观察，从而决定自己的服务活动。比如，很多人习惯杯里有水时把杯子盖上；没水时，就将杯子放在左手侧，以免影响工作。同时，也会下意识地提醒服务人员，方便的时候帮忙加点水。

那么，还有没有第七个服务阶段呢？当然有！毕竟服务无止境。我们要在长期的服务工作中慢慢感悟。

——引自 吴迪：《从"何时倒水"谈办公室服务意识》，有改动

课堂讨论：

想想生活中还有没有类似的细节可以体现服务意识？

（1）______________________________

（2）______________________________

（3）____

————————————————————————————————————

三、城轨客运服务的标准与城轨客运服务人员的服务技巧

城市轨道交通客运服务人员是集技术性、专业性、服务性于一身的综合性职业，作为一名合格的客运服务人员，不光要注重自身的仪容仪表、举止言行，还应熟悉客运服务的服务标准，掌握相应的乘客服务技巧。只有这样高素质的服务人员，才能为乘客提供高质量的客运服务。

1. 城轨客运服务的标准

从地铁服务全过程进行分析，乘客乘坐地铁包括进站、购票、进闸、候车、乘车、下车、出闸、出站等步骤，只有在每一个环节完善相关的软、硬件设施，提高每一个环节的服务质量，才能为乘客提供优质的服务，让乘客满意。具体相关标准如表 10.2 所示：

表 10.2　不同环节下的轨道客运服务标准

服务环节	具体服务项目	服务标准
进站	乘客进站	1）确认本站各出入口的地面导向标识指引清晰、正确，能正确地指引乘客找到地铁进站口，若地面导向标识损坏，指示错误或不明晰，车站工作人员应及时放置临时标志并通过运营日况、书面报告、口头报告等形式报到站务室。 2）确认出入口公告栏信息（票价、时刻表等）、地下导向标识的指引正确，若有误，按第一点的处理方式处理。 3）确保通道、站厅处的小画框关于乘客乘车规定等宣传资料清晰、齐备，严格按照站务室要求执行。 4）确保通道照明设施状态良好，有足够的光亮度。 5）确保各种悬挂设施牢固、稳定、完整，非悬挂设施完整无缺，没有伤及乘客的危险。 6）水浸出入口时，车站工作人员应该做到：关停出入口处的扶梯；在出入口与地面、站厅交界处放置“小心地滑”的告示牌；在出入口设置挡水板（木板、沙袋等），并通知保洁人员清扫积水。 7）确保通道、站厅卫生清洁，无杂物、纸屑，无积水，若发现地面不清洁或有积水，立即通知保洁处理，并在有积水处放置“小心地滑”的告示牌。 8）有乘客询问如何乘车或厅巡在巡视时发现有不明确乘车程序的乘客，应主动耐心地上前询问：“您好，请问有什么可以帮您？”

续表

服务环节	具体服务项目	服务标准
进站	乘客携带大件行李进站	1）将物品度量器摆放在进、出闸机明显的地方，有利于工作人员进行测量和乘客识别。 2）当乘客携带超长、超重的行李时，向乘客解释："对不起，您不能携带超长（超重）的物品进站，请您改乘其他交通工具。" 3）必要时，厅巡协助乘客将所携带的但在规定范围内的大件行李带进站
	乘客携带气球、宠物进站	厅巡应及时制止，并向乘客解释："对不起，为了您的安全（保持车站的环境），请不要携带气球（宠物）乘车，多谢合作
	乘客携带易燃、易爆等危险品进站	1）厅巡应及时劝止，并向乘客表明："对不起，为了您和他人的安全，严禁携带危险、管制物品进站，请随我到地铁公安值班室进行处置。" 2）带领乘客到地铁公安值班室
	乘客乱扔乱吐	1）厅巡应及时制止，并解释："对不起，按照市政府规定，在公共场所乱扔乱吐，您将被处以罚款，请您下次注意。" 2）厅巡立即通知保洁进行清扫，不得影响车站的环境
购票	乘客询问	1）当乘客询问如何购票时，车站工作人员应耐心回答："如果您需要买单程票，请到自动售票机处购买，如果您需要买储值票，可直接在售票问讯处购买。" 2）厅巡对重点乘客应给予积极主动的服务
	购票设备出现故障	1）当乘客使用的TVM等设备不正常时，厅巡应该立即挂"暂停服务"牌，并请乘客使用另一部机器。 2）同时报车站控制室设备故障，及时通知相关人员维修
	乘客兑换硬币	售票员严格执行"一收、二唱、三操作、四找"的程序
	乘客购买储值票	售票员严格执行"一收、二唱、三操作、四找"的程序，并且提醒乘客："请看显示器显示是否为××元的车票。"确认无误后，说："找您××元，一张××元的车票。" 乘客充值时，售票员操作完毕后应说："请核对一下显示器所显示的数额是否与您刚才的充值额相符。"
	乘客售票时排起长队	1）排队超过8人时，请示值班站长加人实施双人售票，或者加设临时售票处。 2）在出售及分析车票时尽可能使用功能键，使操作准确而快捷
	找不开零钱	售票员应有礼貌地询问乘客："请问您有零钱吗？"或者说："对不起，这里的零钱刚刚找完，请您稍等，我们马上备好零钱或麻烦您到对面售票问讯处或银行去兑换。"
	硬币不足	1）向乘客耐心解释："对不起，这里的硬币刚好兑换完了，麻烦您到对面售票问讯处或银行兑换硬币。" 2）立即通知客运值班员增配硬币

续表

服务环节	具体服务项目	服务标准
购票	乘客需兑换大量硬币	售票员耐心向乘客解释：“对不起，由于您的兑换金额太大，请到银行兑换硬币，否则会影响对其他乘客的服务。”
	乘客不排队兑零、购票	售票员应该礼貌地向乘客指出应该排队等候购票，不给予其超前办理
	乘客付给假币	1）售票员发现乘客使用假钞，应耐心向乘客解释：“您这张是假币，不能使用，请您另外换一张人民币。” 2）如解释仍无效，可报告值班站长或请求地铁公安出面处理。 3）若遇到面值较大或数量较多的假币，应立即报告值班站长或请求地铁公安出面处理
	因票款不符而与乘客产生纠纷	1）车站工作人员向乘客解释：“对不起，我们的票款是当面点清的，请您再确认一下，您的票款是否正确，如果确实有误，我们立即进行封窗查票。” 2）乘客认为票款确实有误时，值班员以上人员立即进行封窗查票，若查出售票员长款，车站员工应马上把钱退还给乘客，并向乘客解释：“对不起，由于我们工作疏忽给您带来的不便，希望您能谅解，我们一定会避免再次发生这类事件。”若售票员的票款吻合，工作人员要耐心向乘客解释，做好安抚工作：“对不起，经我们查实，售票员的票款没有差错，请您谅解。”若乘客故意为难员工，可找地铁公安配合处理。
	乘客卡币处理	1）检查设备状态，如显示卡币，则按规定办理。 2）如显示正常，则先由厅巡模拟购票给乘客看，若卡币，即按规定为乘客办理，若无卡币，向乘客解释：“对不起，经我们核查，目前机器没有出现故障，按我公司的票务政策规定，我们不能为您办理，请您谅解和合作！”
进闸	乘客进闸	1）对第一次使用车票进闸的乘客，特别是老年乘客，厅巡要协助他们使用车票。 2）携带了大件行李而不便进闸的乘客，要为该乘客打开通道门进站，并告诉乘客保管好车票
	乘客逃票、违规使用车票	1）发现无票的超高小孩或故意逃票的成年人，应马上上前劝止，并要求重新到售票问讯处买票：“对不起，您超过了规定的高度（或您好，成年人应该买票），请您购票，请配合我们的工作。” 2）若发现违规使用车票的乘客（特别是成人使用学生票、年轻人使用老人票或老人半价票等有意逃票的行为），可按规定处以罚款，必要时找地铁公安配合
	乘客进闸时正在饮食	厅巡应该马上制止，并向乘客解释：“为了保持车站及车厢的卫生，请勿在进入车站后饮食，谢谢合作！”

续表

服务环节	具体服务项目	服务标准
进闸	乘客乘坐扶梯	乘客进闸后乘坐扶梯到达站台，通过扶梯扶手处张贴的宣传画、乘梯守则和站厅广播等向乘客宣传“请您靠右侧站稳”，车站员工要多加强引导
	残疾人下楼	车站厅巡、保安及时安排并帮助残疾乘客乘坐垂直电梯
	老年乘客坚持乘扶梯而拒绝走楼梯	1）进闸后，劝老人走楼梯或在家人陪同下到站台，或由厅巡陪同老人一起下楼梯，送至站台。 2）利用广播宣传“行动不便的人士乘坐扶梯请由家人陪同”
	乘客摔伤	1）发现乘客摔伤，立即由车站工作人员搀扶到车站控制室，若乘客伤势严重，立即报“120”；若伤势较轻，可由车站提供外伤的药品。 2）立即寻找目击证人，若因地铁公司原因造成乘客摔伤，通知保险公司，按地铁公司有关规定处理；若因个人原因造成，则安抚乘客下次小心，有必要时，通知其家人
候车	确保乘客候车的良好环境	确保站台卫生清洁，无杂物、纸屑，无积水，发现站台不清洁或有积水，立即通知保洁处理，并在有积水处放置“小心地滑”的告示牌
	乘客候车时吸烟	发现有乘客吸烟，应立即制止，并有礼貌地解释：“对不起，为了您和他人的安全，地铁站不允许吸烟，请您灭掉烟头，谢谢合作！”
	小孩在站内追跑	站内员工应特别提醒家长带好自己的小孩，不要让他们随意在站台上奔跑，及时上前制止正在追逐打闹的小朋友，用人工广播强调：“地面很滑，容易摔跤，请家长带好小孩，不要在站内追逐、打闹、奔跑。”
	站台有老人、精神异常等特殊乘客	1）发现有老人、小孩候车，应重点留意并指引他们到座位上等候。 2）发现有精神异常的乘客，立即通知车站控制室处理，并重点留意他们的动态，同时加强维持站台的秩序。 3）发现有身体不适的乘客，应主动上前询问情况，并指引他们到座椅上休息，若乘客感到很不适，立即通知车站控制室处理
	乘客有物品掉下轨道	1）站台岗员工应立即提醒并安抚乘客：“请放心，我们的工作人员将会尽快为您拾回物品。” 2）站台岗员工再用对讲机通知车站控制室处理
	列车晚点，延误乘客时间	1）值班站长在列车晚点3分钟以上，应立即采取措施，通知各岗位列车晚点，做好对乘客的解释工作。 2）按列车故障、晚点规定，在SC上设置列车故障模式。 3）用标准广播，向乘客播放相关票务政策，为乘客提供全面的服务，让乘客满意

续表

服务环节	具体服务项目	服务标准
乘车	乘客上车	站台岗员工通过人工广播或站台广播向乘客宣传："上车时，请小心站台与列车之间的空隙，请不要拥挤，请依次排队上车。在车门即将关闭时，请不要强行上车，以防被车门、屏蔽门夹伤，没有坐上本次列车的乘客请耐心等待下一趟车。"
下车	乘客下车	1）站台岗员工通过人工广播或站台广播向乘客宣传："乘客下车时，请小心站台与列车之间的空隙，车门即将关闭时，请不要强行下车，谨防被车门夹伤。 2）对下车的老人和小孩，用广播宣传："请老人、小孩走楼梯或由家人陪同乘坐扶梯。"
	乘客乘坐扶梯	乘客下车后乘坐电梯到达站厅，通过电梯扶手处张贴的宣传画、乘电梯守则和站厅广播等向乘客宣传"请您靠右侧站稳"
	有需要帮助人士上楼	车站厅巡、保安及时安排并帮助需要帮助的人士乘坐垂直电梯
	乘客下车后逗留在站台	站台岗员工注意下车乘客的动态，若发现有逗留在站台不出站的乘客，应主动上前询问情况，礼貌地告诉乘客不要逗留在车站，应该尽快出站
出闸	组织乘客出站	厅巡加强对出站闸机的巡视，并通过人工广播的形式向乘客进行"关于单程票回收和一张票只能供一人通过闸机"的宣传
	乘客逃票、违规使用车票	1）发现无票的超高小孩或故意逃票的成年人，应马上上前制止，解释："对不起，您超过了规定的高度（或您好，成年人应该买票），请您补票，请您配合我们的工作。" 2）乘客态度不好且不愿补票，应耐心地向他们解释公司的票务政策；若乘客故意为难工作人员，可找地铁公安配合。 3）发现违规使用车票的乘客（特别是成人使用学生票、年轻人使用老人免费票或老人半价票等有意逃票的行为），可按执法程序执法，必要时找地铁公安配合
	携带大件物品的乘客	对携带大件物品且不便出闸的乘客，厅巡应马上为乘客开员工通道门，对已买行李票的行李，厅巡应向乘客收回车票，并将车票放入出站闸机回收
	乘客卡票	1）在车站 AFC 计算机或到现场看闸机状态，发现确实卡票，可按照规定办理。 2）找到车票后，向乘客询问有关车票的信息，确认车票是否为该乘客的，并做好相应的解释工作。 3）若车站 AFC 计算机无报警，打开闸机时也没找到车票，请 AFC 维修人员到现场确认，情况属实，则对乘客做好解释工作
	乘客手持的车票出不了站	1）厅巡发现出不了站的乘客后，及时赶到现场，请乘客到售票问讯处的补票窗口办理。 2）向乘客做好解释工作："对不起，您的车票已超乘，按规定补交超乘车费××元。"或者："对不起，您的车票已超时，按规定须补全程款。"或者："对不起，您的车票有问题，我现在为您办理。"

续表

服务环节	具体服务项目	服务标准
出闸	售票员处理需要补票的车票	1）当付费区与非付费区均有人时，应对乘客做好解释工作，向其中一边的乘客解释："请稍等，待会帮您处理。" 2）车票分析后，通过显示器告诉乘客，需要补票或者车票过期等信息
出站	乘客出站	1）确认站厅的出入口导向牌等标志信息正确、完整，若导向标志损坏，或指示出错，车站员工应及时通过运营日况、书面报告、口头报告等形式报到站务室。 2）若乘客不确定自己出站的方向，车站员工应给予主动、热情的指引，不能欺骗或敷衍乘客
	乘客在地铁站逗留	厅巡及时发现有乘客在地铁站逗留时间较长不出站，或坐在站厅的地上时，应及时问清乘客逗留的原因，礼貌地请乘客不要坐在站厅地面，请乘客尽快出站，以免影响车站的正常客运。
	乘客有投诉倾向	采用"易人、易地、易性"的方式，耐心地做好乘客解释工作。寻求最佳的处理时机，避免投诉事件的发生。

2. 城轨客运服务人员的服务技巧

（1）售票员岗位服务技巧。

① 排队超过 5 人，必须站立服务，提高兑零、售票速度。

② 排队超过 8 人，并维持 3 分钟以上时，请示值班站长加人实施双人兑零方案。

③ 在兑零空余时间尽可能把点币盘摆满硬币。

④ 所兑硬币不散放在票务凹斗，而是垒成柱形，不得有丢、抛的动作。

⑤ 减少票务处交接班时对乘客服务的影响，如：

a. 交接班时间安排在车站非高峰期。

b. 交班前做好有关准备。

c. 接班人先准备好一盘硬币。

d. 售票员应事先处理付费区内乘客，并要礼貌地让非付费区的乘客稍等。

（2）站台巡视岗位服务技巧。

①"四到"。

a. 心到：精神高度集中，随时应变异常。

b. 话到：提醒乘客按排队箭头候车，不要越出黄线，礼貌疏导客流，向违章乘客解释并制止。

c. 眼到：三步一回头，密切注视乘客情况及列车运行状态。

d. 手到：遇到地面有水，及时设置"小心地滑"牌，设备故障放"暂停服务牌"，地面较脏及时寻找保洁人员清扫。

② “三多”。

a. 多巡：沿安全线内侧来回多巡视乘客和线路情况（自己不越过安全线）。

b. 多看：多观察设备和乘客动态，及时处理异常情况。

c. 多提醒：主动提醒乘客看管好物品，看好小孩，不得拥挤，到人少的一端候车，先下后上。

③ 遇蛮横不讲理的乘客及时与值班站长、公安机关联系，切莫与该乘客发生正面冲突。

④ 站台工作人员在车门亮灯即将关闭时靠近扶梯，以防乘客抢时上车被夹伤。

⑤ 站台客流不均匀，要及时引导乘客以防拥挤。

（3）厅巡岗位服务技巧。

① 厅巡要多看、多巡、多引导。多看有无异常情况，看有无需要帮助的情况和需要处理的设备故障。多巡，即多走动、巡视了解站厅客流情况，多引导乘客到临时兑零点、银行和乘客较少的一端购票乘车。

② 如果受到乘客的责骂，坚持在保护自己的同时，做到“打不还手、骂不还口”，要礼貌并诚恳地向乘客解释。

③ 高峰期厅巡工作人员应统一手持手提广播上岗，在引导时声音不宜太小，吐词清晰，积极主动，不得拿广播对着乘客喊话。

④ 上岗前到客运值班员处借 5 个硬币，当 TVM 不接收硬币时，就可以马上换给乘客另一个硬币，以加快售票速度，减少排队的现象。

⑤ 厅巡要及时提醒车控室查看设备中的钱箱、票筒情况，以便在乘客较少时及时更换。

⑥ 当乘客排长队时，要及时请示值班站长进入票亭帮忙。乘客较少时及时退出票亭并告知车控室。

⑦ 引导车票有问题的乘客到乘客较少的一端统一办理。

⑧ 厅巡能解决的问题要及时、果断处理。

（4）值班站长岗位服务技巧。

① 值班站长负责监控当班整体服务工作，定期巡视，指出员工服务工作中的不足，确保本班服务质量。

② 根据车站客流特点，合理安排人手，及时了解售票亭排队情况，杜绝排长队现象。

③ 及时了解售票亭车票、报表、硬币等情况，不足时及时组织增补。

④ TVM 前排队购票人数较多时，值班站长负责决策售票亭直接出售单程票。

⑤ 在人手不够的情况下，值班站长应组织检修人员、保洁人员拿广播协助引导。

⑥ 部分 AFC 设备故障时应决定乘客排长队措施。

⑦ 当半自动售票机故障时，引导乘客到其他售票亭，其他售票亭应增加人手；加强广播宣传与引导。

⑧ 部分 TVM 故障时，视客流情况在半自动售票机上出售单程票，加强引导、广播。

⑨ 乘客建议、投诉时，要态度谦恭，认真聆听，做好笔录，并积极主动回复乘客，直到乘客满意为止。

第 11 章　城轨客运服务人员的心理素质

【知识目标】

◇ 理解心理素质的概念及构成

◇ 了解城轨客运服务人员的心理素质

◇ 理解工作压力、情绪管理、意志力的概念

【能力目标】

◇ 掌握客运服务人员的工作压力来源及压力管理方法

◇ 能有效调节自我情绪

◇ 能培养自身的意志力

【关键概念】

◇ 心理素质、情绪调节能力、压力承受能力、意志力

【知识框架】

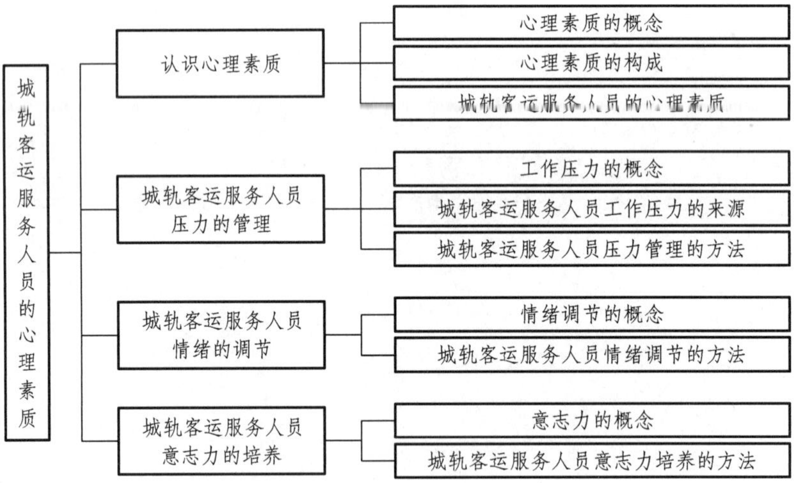

图 11.1　第 11 章知识框架图

一、认识心理素质

1. 心理素质的概念

心理素质（Psychological Diathesis）是在遗传基础之上，在教育与环境影响下，经过主体实践训练所形成的性格品质与心理能力的综合体现。

心理素质是人的整体素质的组成部分。以自然素质为基础，是在后天环境、教育、实践活动等因素的影响下逐步发生、发展起来的。心理素质是先天和后天的表现。从心理学角度讲，心理素质包括情感、信心、意志力、韧性等。

2. 心理素质的构成

心理素质由心理潜能、心理能量、心理特点、心理品质、心理行为几项构成。

（1）心理潜能。

每个人生来都具有一定的潜能，特别是现代人本主义心理学家还肯定，每个人生来都具有优秀的潜能；每个人都亟欲把自己的潜能发挥出来或得到实现；每个人只要努力都可以充分发挥或实现自己的潜能。潜能并不神秘，它是人的心理素质乃至社会素质赖以形成与发展的前提条件或某种可能性。或者说，正因为人具有一定的潜能，所以具有可塑性，而动物没有此种潜能，所以虽然花费九牛二虎之力，也不能使它们向着人的方向发展。

（2）心理能量。

心理能量亦称“心理力量”或“心理能力”，也可简称为“能”或“力”。世界上的万事万物（包括精神）都有一定的能量，即都是有“力”的。人也是如此，“人生莫不有力”(《论衡·效力》)，可称之为“人力”。人是一个系统，是由身体系统与心理系统构成的，而这两个子系统也是有力（能量）的，前者为体力，即身体之能力，后者为心力，即精神之能力。这种心理能量乃是人的心理素质的体现，也是用意识来调节的能量作用，其大小强弱也能够反映一个人的心理素质。

（3）心理特点。

特点、特性、特征、属性等是一回事，都是指事物本身所固有的某种东西。人的心理活动总具有自己的特点，可以把它归结为六对：客观性与主观性的统一、受动性与能动性的统一、自然性与社会性的统一、共同性与差别性的统一、质量与数量的统一、时空性与超时空性的统一。人的各种心理现象也具有各自的特点，如感知的直接性与具体性、思维的间接性与概括性、情感的波动性与感染性、意志的目的性与调控性等。心理特点也是心理素质的具体标志。

（4）心理品质。

心理品质与心理特点有联系，但二者也有区别，不能混为一谈。它并非心理活动本身所固有，而是后天习得的。品质有两个方面的含义：一是个别差异，即人与人之间各具有不同水平的心理品质；一是培养标准，即要求人们的心理所应当达到的水平。几乎每一种心理现象都具有一定的品质，如记忆的敏捷性、持久性、准确性、备用性，思维的灵活性、深刻性、独立性、批判性，情感的倾向性、多样性、固定性、功效性，意志的自觉性、果断性、坚持性、自制性，等等。心理品质的优劣最能体现人的心理素质。

（5）心理行为。

人们简单或是复杂的行为都受人的心理的支配，都是人的心理的外部表现。因此，从这个意义上说，人的一切行为都可以称为“心理行为”。这种心理行为是心理素质的标志，通过它可以检验心理素质水平。而且，前述心理素质的四个组成因素，如心理潜能、能量、特点、品质等，也都会明显地或不明显地在行为上反映出来。可见，心理行为是构成心理素质的一个重要成分。

由上所述，心理潜能、心理能量、心理特点、心理品质与心理行为的有机结合称为“心理素质”。而这五个方面又都蕴含在智力因素与非智力因素之中。也就是说，所谓培养心理素质，就是要发挥、发展、培养、提高、训练智力与非智力因素的潜能、能量、特点、品质与行为。

3. 城轨客运服务人员的心理素质

城轨客运服务人员每天都要面对众多的乘客，需要满足各类乘客的需求，因此，这对于其自身心理素质的要求也很高。城轨客运服务人员应具备如下素质：

（1）压力承受能力。

压力承受能力（Stress Tolerance）是个体对逆境引起的心理压力和负性情绪的承受与调节的能力。主要是对逆境的适应力、容忍力、耐力、战胜力的强弱。一定的压力承受能力是个体良好的心理素质的重要组成部分。客运服务人员在工作中要面对成千上万的乘客，同时也要承受形形色色的乘客带来的压力，有时甚至会被乘客刁难。因此，客运服务人员的压力承受能力显得尤为重要。

人们所承受的压力来源称为“压力源”，是指引起压力的具体的人和事，大致包括非人为的压力源和人为的压力源两种。非人为的压力源即自然逆境。自然逆境给人造成的挫折有时是很严重的，所以心理软弱者对这种非人为的挫折源无能为力，表现为对挫折的心理承受力很低。人为的压力源即社会逆境，其对人的压力承受力的影响是很大的。与非人为压力源相比，人为的压力源（社会逆境）更难战胜。同样是心理坚强者，在自然逆境面前它能成为强者，但在社会逆境面前，他可能无能为力。

（2）情绪调节能力。

情绪调节能力（Emotional Regulation Ability）是情绪智力的重要品质之一，是指掌握自我、调节情绪，对生活中矛盾和事件引起的反应能适可而止地排解，能以乐观的态度、幽默的情趣及时地缓解紧张的心理状态的能力。具备这种能力的人能及时摆脱不良情绪，保持积极的心境。在客运服务过程中，一些服务纠纷、突发事件等容易引起客运服务人员自身情绪低落，不能积极乐观地面对工作，此时就需要通过情绪调节来重新激发自身的工作热情。

要做到很好地调节自己情绪，首先，要体察自己的情绪，也就是，时时提醒自己注意：我现在的情绪如何？例如，当你面对乘客的冷言冷语时，问问自己：我现在有什么感觉？如果你察觉到自己因乘客的语言感到生气，你就可以好好处理。其次，适当表达自己的情绪。被乘客刁难时，你可以委婉地告诉乘客，他的行为会给自己带来什么感受，让乘客体谅。如何适当表达情绪是一门艺术，需要用心的体会、揣摩，更重要的是，要确实用在生活工作中。最后，以合宜的方式缓解情绪。有了不舒服的感觉，要勇敢地面对，仔细想想，为什么这么难过、生气？我可以怎么做才不会重蹈覆辙？怎么做可以减轻我的不愉快感？这么做会不会带来更大的伤害？根据这几个角度去选择适合自己且能有效缓解情绪的方式，你就能够控制情绪，而不是让情绪来控制你！

（3）意志力。

意志力（Willpower）是指一个人自觉地确定目的，并根据目的来支配、调节自己的行动，克服各种困难，从而实现目的的品质。

罗伊斯这样说："从某种意义上说，意志力通常是指我们全部的精神生活，而正是这种精神生活在引导着我们行为的方方面面。"只有具有顽强的意志力，才能有勇气从容面对客运服务中可能发生的突发状况，处理各种安全应急事件。

当人们善于运用意志的力量时，就会产生决心，而人有决心就说明意志力在起作用。人的心理功能或身体器官对决心的服从，说明了意志力存在巨大力量。没有人会下定决心去做他自己认为不可能的事，比如一个人不可能会决心举起已丧失活动能力的手臂，也不会决心在不借助器械的条件下飞翔。对于这样可能性极小的事情，人们也许曾经产生过尝试一下的想法，但他们不可能在内心真的下决心去尝试这样的事情，因而他们也不会有做这件事情的真正勇气。因此，保持坚韧的意志力，是完成艰难工作、克服困难的必要保障。

二、城轨客运服务人员压力的管理

1. 工作压力的概念

工作压力（Working Pressure）是指因工作负担过重、变换生产岗位、工作责任过大或改变等对人产生的压力，主要是来自外部环境和人内心的一种自我希望。

2. 城轨客运服务人员工作压力的来源

工作压力来自两部分：一是自身压力。很多人都会制订一个短期或长期的目标，要求自己达到，给自己加压，而客运服务人员可能因为自身要求过高、责任心较强，希望能够更好地完成工作而产生压力。二是来自公司的要求。很多人认为来自业绩要求的压力会更大。客运服务人员肩负着保证乘客安全的职责，要为乘客在乘坐轨道交通工具的过程中的各项服务负责，而运营企业会对客运服务人员有多项严格的服务规范要求，这些来自企业的要求会给客运服务人员较大的压力。

3. 城轨客运服务人员压力管理的方法

客运服务人员在进行自我压力管理时，要注意寻找压力根源、缓解压力，通过建立支持网络、采取放松和减压的措施等方法，从而达到缓解压力的效果。

（1）寻找压力根源。

找出压力的根源能够促使自己改变，也确保改变具有针对性，并产生效果。首先，列举自己现阶段具有的压力，分条罗列，有多少写多少，写下压力的过程也是反省的过程。或许有些压力根本就微不足道，是自己给自己施压。其次，对压力进行分析，如压力是怎样产生的？是何时产生的？是否需要改变？

（2）缓解压力。

压力可以通过他人的施加产生，但是否将其视作压力往往在于自己。因此，应仔细分析有哪些是自己给自己施加的。通过寻找最根源的本质，将压力遏制在摇篮里，一旦它成熟再想消除它是很困难的。这可以从提高个人能力，让自己更坦然地面对各项工作以及提高心理承受能力，视压力为动力，积极乐观地面对生活这两个方面入手缓解压力。

（3）建立支持网络。

当个体受到压力威胁时，他人的帮助和支持有助于其恢复信心。这种支持和帮助表现为共同讨论目前的压力情境，帮助确立更现实的目标，指出压力员工不曾发现的积极特征，促使个体发泄消极情感如愤怒、恐惧和挫折等。这些做法对舒缓压力和紧张情绪非常重要。

（4）缓解工作压力。

缓解工作压力的方法很多，比如，静坐冥想、听音乐以及向朋友倾诉等。

（5）深度放松。

冥想、瑜伽、自我催眠等都能使人深度放松，深度放松最好经常练习使用，成为生活中例行的事。深度放松可以储存能力，产生解决问题的创造力，并让你在面对困难时保持冷静。

（6）寻求专业人士的帮助。

如果你在周围人的帮助下仍没有感觉到舒适，那么你可以寻求专业（职业）人士的帮助。

【课堂练习 11.1】

压力缓解办法——冥想

冥想是瑜伽实现入定的一项技法和途径，把心、意、灵完全专注在原始之初。冥想是一种让人获得宁静放松的方式，可以用来缓解自身心理压力，提升对情绪的控制能力。

在做冥想练习时，一定要选择一个幽静的环境，不受外界干扰，最好每天在同一时间同一地点练习，这样更容易集中注意力。练习时的姿势一定是舒适的，即可以长时间保持不动且不疲倦的姿势。练习前要先做几个缓慢深长的呼吸，让自己平静下来，进入冥想状态。

图 11.2　冥想

冥想可以通过以下步骤进行：

① 选择一个安静而舒适的环境。

② 设置好时间。

③ 找到一个舒适的姿势。

④ 做几个热身动作。

⑤ 盘腿而坐，全身放松。

⑥ 开始冥想，接受它们，试着将它们转移到你的呼吸上。

⑦ 关注你的呼吸。

当闭上双眼后，把注意力放在呼吸上，以“平等心”的原则去观察、觉知呼吸的进出。对于当下的呼吸状况以及头脑中的念头，不做任何的判断、分析、联想和纠缠，就只是如实单纯地观察呼吸。

每天坚持半个小时的冥想，看看自己会发生什么变化。

三、城轨客运服务人员情绪的调节

1. 情绪调节的概念

情绪调节（Emotional Adjustment）是指掌握自我，调节情绪，对生活中矛盾和事件引起的反应能适可而止地排解，能以乐观的态度、幽默的情趣及时地缓解紧张的心理状态，具有良好的情绪调节能力的人能及时摆脱不良情绪，保持积极的心境。

2. 城轨客运服务人员情绪调节的方法

客运服务人员每天要面对成千上万的乘客，需要处理的情况也层出不穷。有时因为种种原因和乘客之间产生矛盾和误会也在所难免。在客运服务中，客运服务人员不只是一个职位，它更是礼仪之邦服务行业的典范，在矛盾产生时，如果不加以自控，冲突会愈演愈烈。因此，必须调节好自身情绪，帮助乘客解决问题。情绪调节的方法如下：

（1）觉知自己的情绪状态。

客运服务人员只有管理好自己的情绪，才能营造良好的服务氛围。觉知自己的情绪状态，先要觉察真正的情绪状态，然后分析引发情绪的原因，最后才能有效管理自己的情绪。觉知情绪状态的方法有测试法、记录法和交谈法，在测试法中，可以采用 PANAS 问卷和国际标准情商测验来进行。客运服务人员情绪健康的基本特征包括情绪表现适度稳定、情感体验丰富深刻、主导心境积极快乐。

（2）心理治疗法。

虽然人们有一定的潜能可应对生活压力和情绪失常，达到自我修复，但是这种能力毕竟有限。人们往往不清楚造成他们情绪障碍的真正根源，只意识到情绪障碍的存在。这就需要一个有深厚心理学素养和功底的人为其指点迷津，让其知道情绪障碍产生的原因和解决途径。因此，当客运服务人员的情绪处于消极状态时，要积极求助于心理咨询和心理治疗机构，及时解决情绪上的困扰与障碍。

（3）情绪疏导法。

宣泄疏导法。宣泄疏导法是一种效果十分显著的解除不良情绪的方法，具有简捷、易操作、收效迅速的特点。对情绪变化明显、心理反应敏感的客运服务人员来说，宣泄疏导法是一种容易接受的，短、平、快的方法。

宣泄不良情绪的方法有很多，如倾诉、写作、看电影、画画、旅游等。但还有一些方法，如愤怒时砸东西、攻击别人、烦闷时酗酒解愁等，这些方法虽然能够发泄不良情绪，但都是暂时的，反而会为以后带来更大的烦恼。因此，在运用宣泄疏导法时，要根据实际情况，通过正常的途径和渠道，采用适当的宣泄形式，控制宣泄的程度，这样才能取得良好的宣泄效果。

日本松下电器公司所属的各个企业均设有“出气室”和开导职工的“恳谈室”。那些过度压抑、内向却不愿意宣泄的人可以运用替代式宣泄法，即通过观察他人宣泄行为来释放自己的压抑情感。

（4）矛盾意向法。

在许多情况下，焦虑情绪和失调行为的产生是由于人过分害怕某些令人恐怖的事物。也就是说，一个人总是担心某些可能使他感到焦虑的逆境发生，因而会变得万分恐惧，以至于不由自主地被引入这一境地。使用矛盾意向法，就是努力去面对自己害怕发生的那些事情，或期盼不好的事情发生。当然，这与其真正的意义相反。这样，焦虑感和恐惧感就会为相反的愿望所取代。这一方法以先发制人的方式，克服对逆境的预期焦虑，使人松弛，以便能从容镇静地应对各种复杂的逆境。

（5）合理认知法。

合理认知法也叫“情绪 ABC 理论”，由美国心理学家艾里斯创立的。A 代表具体时间，B 代表对这件事的具体看法，C 代表情绪反应。艾里斯认为，人们对逆境的情绪反应不在于逆境本身，而在于对逆境的不合理认知，即由于不正确的认知或者说非理性观念所造成的。因此，通过认知纠正，以理性治疗非理性，以合理的思维方式代替不合理的思维方式，就可以最大限度地减少因不合理的观念引起的不良影响和逆境心理。

日常生活中，人们常表现出下列非理性观念：人应该得到生活中所有对自己重要的人的喜爱和赞许；有价值的人应在各方面都比别人强；任何事都应按自己的意愿发展，否则会很糟糕；一个人应该担心随时可能发生的灾难；已经定下的事是无法改变的；一个人碰到的种种问题，都应该有一个正确的、完整的答案，如果一个人无法找到它，便是不能容忍的事；对不好的人应该给予严厉的惩罚和制裁；逃避困难、挑战与责任比正视它们容易得多；情绪由外界控制，自己无能为力；要有一个比自己强的人做后盾等。正是由于上述不合理信念，人们才会出现压抑、敌对、焦虑、忧郁等不良情绪。因此，端正信念是合理认知法的关键所在。

（6）幽默调节法。

幽默的特点是温和、含蓄和机智。哲学家把幽默视为“浪漫的滑稽”；医学家认为幽默是人的一种健康机制，是美容心理的良方；社会学家和心理学家把幽默看成是有助于个人适应社会的工具。幽默是生活的调味品，它可以使人在欢声笑语中忘却烦恼，化忧愁为欢乐，具有维持心理平衡的功能。

（7）反向心理调节法。

反向心理调节法也叫“反向思维法”。它是同一问题的不同角度的反射光，其关键在于思维方向的“趋利性”，就是遇到困难或逆境时要从积极的方面去想，发挥积极情绪，战胜消极情绪。

对于生活中的不幸，如果你觉得痛苦就会真的痛苦，你觉得快乐就会真的快乐。

痛苦和欢乐往往是事物的两个方面，只是看你如何判断。

（8）适当紧张法。

过度紧张对身体有害，灰心丧气、意志消沉也不利于身心健康发展，只有适度紧张才有利于身心健康。

四、城轨客运服务人员意志力的培养

1. 意志力的概念

意志力（Willpower）是指一个人自觉地确定目的，并根据目的来支配、调节自己的行为，克服各种困难，从而实现目的的品质。

2. 城轨客运服务人员意志力培养的方法

（1）权衡利弊，放眼未来。

在决定做某件事情时，不仅要有美好的愿望，还要实事求是地权衡利弊，如果你因为看不到实际好处而对体育锻炼三心二意的话，仅有愿望是无法使你心甘情愿地穿上跑鞋的。普罗斯教授劝告到他那进行心理咨询的人：你可以在一张纸上画上 4 个格子，在格子里填写短期和长期的损失和收获。假如你打算戒烟，可以在顶上两格填上短期损失——“我一开始感到很难过”和短期收获——“我可以省下一笔钱”；底下两格填上长期收获——“我的身体将变得更健康”和长期损失——“我将失去一种排忧解闷的方法”。通过比较，戒烟就更容易了。

客运服务人员在工作中应多注意解决问题后的满足，想象自己在克服困难之后会变得快乐。积极投身于实现自己目标的具体实践中，你就能坚持到底。

（2）确定目标，下定决心。

有的人属于“慢性决策者“，他们知道自己应该做好某件事情，但决策时却优柔寡断，无法付诸行动。为了下定决心，可以为自己的目标规定实现期限。玛吉·柯林斯是加州的一位教师，她十分关心自己的身材。后来她被选为一个市民组织的主席，便下定决心减肥。为此她购买了比自己的身材小两号的服装，告诉自己要在 3 个月之后的年会上穿上它。由于坚持不懈，柯林斯终于如愿以偿。不要说诸如此类空洞的话：“我打算多进行一些体育锻炼“或“我计划多读一点书”。而应该具体、明确地表示——“我打算每天早晨步行 45 分钟”或“我计划一周中一、三、五的晚上读一个小时的书”。

客运服务人员在制定工作目标时应考虑实际情况，将其分解为一些可以实现的具体化的小目标，如“面对乘客时我一定要保持真诚的微笑”“每天一定要花一个小时学习专业知识”等，一步一个脚印，更容易实现自己制定的工作目标。

（3）从小事做起，磨炼意志。

如果你是一个意志力不强的人，不妨从一些小事做起，慢慢地训练自己的意志力。早在1915年，心理学家博伊德·巴雷特就提出了一套锻炼意志力的方法。其中包括从椅子上起身和坐下30次，把一盒火柴全部倒掉然后一根一根地装回盒子里。他认为，这些练习可以增强人的意志力，有助于人们面对更困难的挑战。巴雷特的具体建议似乎有些过时，但他的思路却给人以启发。例如，你可以事先安排星期天上午要干的事情，并下决心不办好就不吃午饭。新泽西州的比尔·布拉德利是纽约职业篮球队的明星，除了参加正常的训练之外，他每天一大早便来到球场，独自一个人练习罚犯规球的投篮瞄准。“功夫不负有心人”，他终于成为球队里投篮得分最多的人。

客运服务人员也可以通过一些小事来磨炼自身的意志力，如每天练习微笑十分钟，每天花一点时间来了解车站的设备等。久而久之，自身的意志便会有所增强。

（4）实事求是，逐步培养。

坚强的意志是一步步形成的。人的一生不可避免地会遇到挫折和失败，有人会意志消沉、一蹶不振，只有找出自己斗志涣散的原因，才能有针对性地解决。

玛丽第一次戒烟时下了很大的决心，但以失败告终。在分析原因时，她意识到需要做点什么事来代替拿烟。后来她买来了针和毛线，想吸烟时便编织毛衣。几个月之后，玛丽彻底戒烟了，并且还给丈夫编织了一件毛背心，真可谓“一举两得”。在许多情况下，将单一的大目标分解成许多小目标不失为一种好办法。打算戒酒的鲍勃在自己的房间里贴了一条标语——“每天不喝酒”。由于把戒酒的总目标分解成了一天天具体的行动，因此第二天又可以再次明确自己的决心。一周后，鲍勃回顾了自己这7天的一系列“胜利”，顿时信心百倍，最终与酒说“拜拜”了。

客运服务人员在培养自身意志时，也可以把这一过程划分为一系列小目标，从成为一个遵守服务规范的服务人员，渐渐发展成为一名优秀的服务人员，循序渐进，最终达成目标。

参考文献

[1] 朱小瑶. 城市轨道运营心理学[M]. 北京：中国铁道出版社，2013.

[2] 王慧晶. 轨道交通客运服务心理与实务[M]. 长沙：中南大学出版社，2015.

[3] 王琴茹，王培俊. 服务心理学[M]. 北京：高等教育出版社，2015.

[4] 叶林菊. 心理素质的养成与能力训练[M]. 南京：南京大学出版社，2012.

[5] 申碧涛. 城市轨道交通客运服务[M]. 北京：中国铁道出版社，2012.

[6] 叶萍. 民航服务心理学[M]. 北京：中国民航出版社，2015.

[7] 陈杰. 民航服务心理学[M]. 北京：国防工业出版社，2015.

[8] 高蓉. 城市轨道交通服务礼仪[M]. 北京：人民交通出版社，2011.

[9] 兰云飞，宋婷婷，徐仁武. 城市轨道交通组织及服务[M]. 北京：北京交通大学出版社，2014.

[10] 黄希庭. 心理学导论[M]. 北京：人民教育出版社，2007.

[11] 戴维·霍瑟萨尔. 心理学史[M]. 郭本禹，等，译. 北京：人民邮电出版社，2013.

[12] 戴维·迈尔斯. 社会心理学[M]. 张智勇，等，译. 北京：人民邮电出版社，2009.

[13] 马斯洛. 马斯洛人本哲学[M]. 成明，译. 北京：九州出版社，2003.